Esther und Jerry Hicks

Die Law Of Attraction Meditation

Inhalt

Vorwort

von Jerry Hicks

Wenn Sie wie die meisten von uns sind, werden Sie sich wahrscheinlich erst einen Teil der geführten Meditationen auf der beigefügten CD anhören wollen, noch bevor Sie es sich gemütlich gemacht haben, um das Begleitbuch zu lesen.

Doch bei diesem potenziell wirkungsvollen Werkzeug zur Steigerung der persönlichen Lebensqualität, das Sie nun in den Händen halten, empfehlen wir Ihnen liebevoll, sich zunächst einmal etwa 45 Minuten Zeit zu nehmen, um sich mit dem Buchkapitel »Allgemeines Wohlbefinden« vertraut zu machen, und sich erst danach den geführten Meditationen auf der CD zu widmen.

Diesem Set aus Buch und CD, *Die Law of Attraction Meditation*, liegt Esthers und meine Absicht zugrunde, ein unvergleichliches benutzerfreundliches Werkzeug zu entwickeln, das es den Schwingungen des Anwenders ermöglicht, in vier grundlegenden Bereichen an einen Ort des größeren Wohlgefühls zu gelangen: Dabei geht es um das Gefühl des *Allgemeinen Wohlbefindens* und die Gefühle und Sichtweisen in Bezug auf *Finanzielle Fülle*, *Körperliches Wohlbefinden* und *Beziehungen.*

Beachten Sie bitte, dass weder die geführten Meditationen auf der CD noch die Informationen im Begleitbuch professionelle psychologische oder medizinische Hilfe ersetzen sollen. Vielmehr dienen sie dazu, jegliche andere Methode, derer sich der Hörer möglicherweise bedient, um sich besser zu fühlen, zu unterstützen.

Abraham lehrt uns (seit dem Beginn unserer Interaktion vor über zwanzig Jahren), dass alles, was wir zu tun beabsichtigen (egal ob andere unsere Absichten als *gut* oder *schlecht* beurteilen) … nur einem Zweck dient, denn wir glauben, dass *wir* uns besser fühlen werden, wenn wir unsere jeweiligen Ziele erreichen … Und daher konzentrieren sich diese Lehren von Abraham hauptsächlich darauf, einfach an diesen Ort, an dem wir uns besser fühlen (dem Energiestrudel), zu gelangen, und zwar jetzt sofort!

Wir empfehlen Ihnen, selbst herauszufinden, wie Sie Abrahams geführte Meditationen am besten nutzen können, auf eine Weise, die sich für Sie gut anfühlt. Allerdings sollten Sie täglich nicht länger als 15 Minuten meditieren … Wie Abraham sagt: »Das Leben ist dafür vorgesehen, bewusst, auf-

Esther & Jerry Hicks

Die Law of Attraction Meditation

Spüren Sie das Gesetz der Anziehung

Aus dem Amerikanischen
von Marita Böhm

Die Originalausgabe erschien 2010 unter dem Titel
GETTING INTO THE VORTEX
im Verlag Hay House, Inc., Carlsbad, CA, USA

Allegria ist ein Verlag der Ullstein Buchverlage GmbH
Herausgeber: Michael Görden

ISBN 978-3-7934-2124-5

Übersetzung: Marita Böhm
Umschlaggestaltung: FranklDesign, München
Titelabbildung: www.vietmeier.com
Satz: Keller & Keller GbR
Gesetzt aus der Palatino
Druck und Bindearbeiten:
GGP Media GmbH, Pößneck
Printed in Germany

merksam und freudvoll zu *leben*, und darum genügt eine 15-minütige Meditation täglich.« Auch der Atemrhythmus zu der Begleitmusik auf der CD (die Sie daran erinnern soll, tief zu atmen) wird sich für Sie anfangs extrem langsam anfühlen. In diesem Fall schlagen wir vor, dass Sie (statt zu versuchen, es zu erzwingen) über einen Zeitraum von einigen Tagen oder gar Wochen einfach zulassen, dass sich Ihre Atemfrequenz behutsam, aber natürlich auf das wohltuende, lebensbejahende Tempo von sechs Atemzügen pro Minute verlangsamt.

Wir raten entschieden davon ab, sich Abrahams entspannende Meditationen beim Autofahren anzuhören. (Es gibt Hunderte anderer Abraham-Aufzeichnungen, die für das Zuhören beim Autofahren ideal sind.) Und, sofern Sie nicht einschlafen *wollen*, sollten Sie während der täglichen Meditation aufrecht sitzen (mit geschlossenen Augen, um jegliche Ablenkung zu vermeiden).

Übrigens liegt das Urheberrecht für alle Lehren von Abraham® bei Jerry und Esther Hicks, und wir haben vollstes Verständnis dafür, wenn Sie, auf welche Weise auch immer, zur höheren Verfügbarkeit dieser vorzüglichen mitschöpferischen Erfahrung beitragen möchten. Sollten Sie also beschließen, *Die Law of Attraction Meditation* mit anderen zu teilen, möchten wir Sie (im Voraus) bitten, es anderen in seiner reinsten und wertvollsten Form zugänglich zu machen – und zwar, indem Sie das Buch zusammen mit der beigefügten CD weitergeben.

Um unseren Lehrer Abraham besser zu verstehen, um sich über uns, Jerry und Esther, zu informieren oder um zusätzliches Material aus unserem umfangreichen Fundus an Büchern, Katalogen, CDs und DVDs zu erhalten – oder gar einen Platz auf einer Abraham-Hicks-*Vortex of Attraction*-Kreuzfahrt oder in einem Workshop zu reservieren –, besuchen Sie unsere interaktive Website **www.abraham-hicks.com** oder rufen Sie unser Büro unter der Nummer 001-830- 755–2299 an. Eine Übersicht der deutschsprachigen Ausgaben findem Sie am Ende dieses Buches.

Nachdem wir nun seit mehr als zwanzig Jahren bei Abraham studieren, erinnere ich mich lediglich an drei Dinge, die Abraham uns jemals im Hinblick auf das Erhalten oder Verbessern unseres körperlichen Wohl-Seins gelehrt hat: Erstens: *Denkt mehr Gedanken im Energiestrudel, die sich gut anfühlen*. Zweitens: *Trinkt mehr Wasser.* Und drittens (und das ist ein Hauptthema dieser täglichen geführten Meditationen): *Atmet tiefer*.

Lassen Sie uns also anfangen. Esther bittet Abraham gerade darum, uns anzuleiten, wie wir die geführten Meditationen auf der CD auf die effektivste Weise nutzen können. Seien Sie also gewillt, es sich bequem zu machen und sich zurückzulehnen, sich zu entspannen und die Augen zu schließen und dabei tief durchzuatmen, während Sie zulassen, dass Abraham Sie liebevoll und behutsam in den freudvollen, die Lebensqualität steigernden Energiestrudel Ihres natürlichen Zustands des Wohl-Seins führt.

* * *

(*Anmerkung der Redaktion:* Bitte beachten Sie, dass unsere Sprache nicht immer über die geeigneten Worte verfügt, um die nonverbalen Eindrücke, die Esther empfängt, präzise umzusetzen. Deshalb erschafft Esther manchmal neue Wortkombinationen und benutzt normale Worte auf andere Weise – schreibt sie beispielsweise groß oder kursiv, obwohl man das gewöhnlich nicht macht –, um neue Sichtweisen und die alten Sichtweisen des Lebens zum Ausdruck zu bringen.

Der deutschen Ausgabe des Buches liegt eine CD bei, auf der eine deutsche Sprecherin die Anleitung zur Meditation liest. Um Missverständnissen vorzubeugen, möchten wir darauf hinweisen, dass es sich dabei – anders als auf der CD des amerikanischen Originals –, nicht um die Original-Durchsagen von Abraham handelt, also nicht um Esthers Channeling, sondern um die deutschsprachige Fassung, die immer nur eine Annährung an das Original sein kann.)

Einführung

von Abraham

Es ist schön, eine Möglichkeit zu haben, über das Thema dieser Aufnahme zu plaudern, denn sie wurde insbesondere geschaffen, um dir auf folgende Weise zu helfen: Wenn du dich in einem Zustand des *Zulassens* befindest, was bedeutet, dass du deinen Geist beruhigt hast – oder deinen Geist so fokussiert hast, dass widerstrebende Gedanken fehlen oder abnehmen –, dann hebst du deine Schwingung an. Und das bedeutet, dass du dich der Schwingungsharmonie mit *dem-der-du-wirklich-bist* immer mehr annäherst, der Frequenz deiner Quelle und der Frequenz deines *Inneren Seins* – und unter diesen Bedingungen der Schwingungsharmonie musst du einfach gedeihen. Diese Aufnahme wurde also mit der Absicht entwickelt, dass du jeden Tag 15 Minuten erübrigst – in denen du einfach zuhörst und dich entspannst und atmest – und auf natürliche Weise in einen anderen Schwingungszustand gelangst.

Du wirst also sozusagen deine Schwingung *weg* von Mustern des Widerstands *hin* zu Mustern des Zulassens trainieren, mit denen es für dich im Laufe der Zeit selbstverständlich wird, Gedanken zu finden, die sich besser anfühlen. Wenn du Gedanken, die sich besser anfühlen, findest und den Widerstand aufgibst, erhöht sich deine natürliche Schwingung, und wenn sich deine natürliche Schwingung erhöht, wirst du einen anderen, verbesserten Anziehungspunkt erreichen. Und dieser andere Anziehungspunkt wiederum lässt dich Dinge bemerken, die sich besser anfühlen – und dein Leben wird einfach immer besser werden.

Die *Law of Attraction – Meditation*-CD soll dich darin unterstützen, dich auf die Gedanken zu fokussieren, die deine Ausrichtung auf den umfassenderen Teil von dem, *der-du-wirklich-bist*, ermöglichen. Und *der-der-du wirklich-bist* befindet sich aus unserer Perspektive bereits *im* Energiestrudel.

Wann immer du weißt, was du *nicht willst*, existiert ein entsprechendes Wissen darum, was du *willst*, ein Wissen, das dir (auf irgendeiner Ebene) manchmal nicht einmal bewusst ist – ein Wissen, das von dir ausgehend, wie eine Wunschrakete, in das hineinstrahlt, was wir als *Energiestrudel der Schöpfung* bezeichnen. *Deinen* Energiestrudel der Schöpfung. Sobald also dieser Wunsch, den du aus dem Leben, das du führst, geformt hast, sich schwingungsmäßig an den Schwingungsort bewegt, den wir den Energiestrudel der Schöpfung nennen, *zieht das Gesetz der Anziehung (die Essenz dessen, was sich gleicht, zieht sich gegenseitig an) alle kooperierenden Komponenten zu ihm hin.*

Jedes Mal wenn du eine negative Emotion spürst – oder jedes Mal wenn deine Erfahrung auf irgendeine Weise beeinträchtigt wird –, liegt das nur daran, weil du, in deiner physischen Gestalt, wegen deiner physischen Gedanken, Schwingungsmäßig mit dieser erweiterten Version von dir nicht übereinstimmst. Unsere Meditationen sollen dir dabei helfen, dich mit *dir* in Übereinstimmung zu bringen und durchgängig eine Schwingungsmäßige Entsprechung zu diesem entferntesten erweiterten Teil von dir zu sein. Wenn du einen Weg findest, dich nicht mehr *dem-der-du-geworden-bist* zu widersetzen – und zulässt, eine Schwingungsmäßige Entsprechung zu *dem-der-du-geworden-bist* zu werden –, dann befindest du dich im Energiestrudel und damit im Zustand des Gedeihens.

Bei all unseren Lehren geht es im Grunde darum, dich dabei zu unterstützen, dass du dich in die Richtung dessen bewegst, was sich besser anfühlt. Aber unsere Aufnahme wurde speziell entwickelt, um dir dabei zu helfen, den folgenden sehr wichtigen Punkt zu verstehen: *Immer wenn du dich sehr anstrengst – aus deiner Position des Mangels, des Schmerzes, der Un-*

ruhe, der Sorge, der Wut, des Zorns oder der Verletzung heraus, außerhalb des Energiestrudels –, wird sich dein Versuch, deine Anstrengung, dein Kampf, deine Mühe ... mit großer Wahrscheinlichkeit als völlig kontraproduktiv erweisen, denn dadurch wird nur dein Muster, außerhalb des Energiestrudels zu sein, verstärkt.

Wenn du einen Weg findest, dich anders zu fokussieren, sodass du dich im Energiestrudel wiederfindest, in Ausrichtung auf den-der-du-wirklich-bist, und dann, aus dem Energiestrudel heraus, zu 100 Prozent deine Affirmationen formulierst, ist das eine Abkürzung, die unserer Meinung nach wirklich überlegenswert ist. Und darum geht es im Grunde bei diesen Meditationen auf der CD und im Buch. Es ist für dich ein schnellerer Weg, um Widerstand abzubauen, den du zum Teil fast dein ganzes Leben lang mit dir herumträgst. Es ist ein schnellerer Weg, den Einfluss der Energie, die Welten erschafft, zu nutzen, um von dort, wo du jetzt stehst, in den verbesserten Seinszustand, den du vorziehst, gelangen zu können.

Sowie du mit den verschiedenen Abschnitten der Aufnahme vorankommst, wirst du sie nützlich finden, gleichgültig wo du anfängst. Wir möchten dich jedoch dazu ermutigen, dir als Erstes das Kapitel »Meditation: Allgemeines Wohlbefinden« anzuhören und dann, entsprechend der Reihenfolge auf der CD, wie sie für dich angelegt wurde, mit dem Kapitel über »Finanzielle Fülle«, dann dem Kapitel über »Körperliches Wohlbefinden« und schließlich dem Teil über »Beziehungen« fortzufahren.

Wenn du dir die erste Woche lang die CD in dieser Reihenfolge anhörst – und in den darauf folgenden Wochen einfach den Abschnitt wählst, zu dem du dich hingezogen fühlst –, gehen wir uneingeschränkt davon aus, dass sich deine Schwingungsmuster allmählich verändern werden und sich dein Anziehungspunkt verbessert.

Es gibt nichts von größerem Nutzen für dich – oder was dich stärker mit der Quelle, von der du herrührst, verbindet – als deine Atmung. Während du dir die Aufnahme in einer Haltung der freundlichen Gelassenheit anhörst – und dich dabei ein klein wenig bemühst, im Einklang mit der Musik zu atmen –, wird dein physischer Körper daraus Nutzen ziehen. Und bei regelmäßiger Praxis (jeden Tag etwa eine Woche lang) wirst du dich, zumindest während du die Aufnahme hörst, in deinen Energiestrudel begeben. Und es gehört auch zu unserem machtvollen Wissen, dass du, sobald du dich in deinem Energiestrudel befindest – in vollkommener Harmonie mit *dem-der-du-wirklich-bist*, während du den mächtigen Worten lauschst, die wir dir sanft ins Ohr sprechen –, dich völlig auf die Frequenz deiner Quelle einstellen wirst. Und unter diesen Bedingungen, *aus* deinem Energiestrudel der Schöpfung *heraus*, wirst du dich nicht nur mit der Macht deines Seins in Einklang bringen, mit der Klarheit deiner Absichten, mit dem Sinn deines Lebens und mit der Würdigkeit dessen, der du bist, sondern allen

Dingen, um die du gebeten hast, wird es *gestattet* sein, sich dir zu offenbaren. Und daher wird diese Übung sehr viel Spaß machen.

Beständigkeit ist von Wert. Wenn du dir jeden Tag 15 Minuten Zeit dafür nimmst – bequeme Kleidung trägst, an einem angenehmen Ort sitzt, deine Augen schließt und dich auf deinen Atem konzentrierst, während du den Worten der Befähigung lauschst –, wirst du zu *dem-der-du-bist* zurückkehren.

Hier herrscht große Liebe für dich. Und, wie immer, bleiben wir – im Energiestrudel.

* * *

Meditation

Allgemeines Wohlbefinden

1

Willkommen am Eingang zu deinem Energiestrudel.
Wir sind höchst erfreut, dass du die Entscheidung getroffen hast,
hier zu sein. Es ist gut, zusammenzukommen zum Zweck
der Mitschöpfung und des Einswerdens mit
DEM-DER-DU-WIRKLICH-BIST.

Auch wenn dieser Energiestrudel, von dem hier die Rede ist, weder auf Landkarten zu finden noch auf Wegweisern gekennzeichnet ist, so ist er nichtsdestotrotz eine Realität. Er ist deine Schwingungsrealität.

Du kannst deinen Energiestrudel an der Art deiner Gefühle erkennen, wenn du ihn betrittst. Du kannst deinen Energiestrudel an der Art deiner Gefühle erkennen, wenn du ihn verlässt. In der Tat ist dein *Emotionales Leitsystem* die einzige nützliche Straßenkarte oder der einzige nützliche Wegweiser zu deinem Energiestrudel.

Dein Energiestrudel ist ein Schwingungsmäßiger Zufluchtsort, an dem die Frequenzen sehr hoch sind und der frei von Widerstand ist. Aus diesem Grund fühlt es sich für dich so gut an, wenn du dich in ihn begibst. Aus diesem Grund sind wir auch höchst erfreut, dass du die Entscheidung getroffen hast, hier zu sein.

Alle kooperierenden Komponenten der entferntesten erweiterten Version von dir sind durch das *Gesetz der Anziehung* zusammengekommen und werden in zeit- und raumloser steter Bereitschaft gehalten, sodass du in deinem Energiestrudel der Schöpfung auf sie zugreifen und sie verwenden kannst.

Wenn du eine kooperierende Komponente deines eigenen Energiestrudels und all der wunderbaren Dinge, die hier zusammengekommen sind, werden willst, musst du mit deinem Energiestrudel Schwingungsmäßig übereinstimmen. Mit anderen Worten, auch du musst eine hohe Frequenz haben und frei von Widerstand sein.

Mit jedem Tag, an dem du Gedanken des Widerstands abbaust – dank des Einflusses dieser geführten Meditation –, wird sich deine Schwingungsfrequenz erhöhen und werden sich neue Schwingungsmuster entwickeln, bis es binnen Kurzem deine natürliche Schwingungsneigung sein wird, in deinem Energiestrudel zu sein. Und dann wirst du genau das Leben führen, das zu führen du beabsichtigt hast, und Zugriff auf die Energie, die Welten erschafft, haben und sie auf deine persönlichen kreativen Bestrebungen hin lenken – denn du bist der Schöpfer deiner eigenen Wirklichkeit.

2

Du sollst wissen, dass du, während du dich entspannst, atmest und deine Aufmerksamkeit auf unsere Worte richtest, zulässt, dass sich deine Schwingung nach und nach auf die Frequenz deiner Quelle innerhalb des Energiestrudels einstellt.

Nichts verbindet dich mehr mit dem Nicht-Physischen Aspekt deines Seins als deine Atmung.

Viele nehmen an, dass der Atemvorgang nur etwas mit eurer physischen Natur zu tun hat, aber das stimmt nicht. *Die Atmung ist nicht nur eine lebensnotwendige Funktion deines physischen Körpers. Vielmehr ist die Atmung das Fließen des Geistes zu dir und durch dich hindurch.* Aus diesem Grund hörst du auch auf zu atmen, wenn der Geist sich nicht mehr durch deinen physischen Körper fokussiert.

Wenn du dich im Zustand vollkommenen Einklangs befindest und sich in dir kein Widerstand regt, ist das Fehlen jeglicher negativen Emotion dein Indikator für deinen vollkommenen Einklang mit der Quelle.

Dank dieser Hörerfahrung wird es zu einem Zusammentreffen wohltuender Aspekte für dich kommen, denn wenn du dich in den natürlichen Rhythmus der vollkommenen Atmung hinein entspannst und dabei unseren Worten lauschst, wird sich die Schwingung deines physischen Seins allmählich der Schwingungsfrequenz deiner Quelle ergeben, und du wirst eins werden mit deiner Quelle im Innern des Energiestrudels.

Indem du dich auf deine Atmung konzentrierst und dabei die Sichtweise der Quelle im Hintergrund vernimmst, werden die Gedanken des Widerstands, die du auf deinem physischen Weg gesammelt hast, mit der Zeit verschwinden, und deine natürliche Harmonie mit der Quelle in dir wird sich wieder einstellen. Dadurch, dass du diese Worte im entspannten Zustand des Zulassens hörst, wirst du die allmähliche Anpassung deiner Schwingungsfrequenz ermöglichen, sodass sie schließlich der Frequenz deiner Quelle entspricht.

Das wird keine Sache des Bemühens oder des Versuchens sein, sondern vielmehr eine Sache des Loslassens und Zulassens … dir selbst zu erlauben, der zu sein, der-du-wirklich-bist.

3

Sei unbesorgt, während du den Rhythmus deines Körpers findest, und atme lange, langsam ein und aus, während du unseren Worten lauschst. Es ist nicht notwendig, dass du dich konzentrierst, und es gibt nichts, woran du dich erinnern musst; entspanne dich einfach und atme und erfreue dich daran.

Der Schlüssel zu dem Nutzen, den du hierbei entdeckst, liegt in der Ablenkung von den so häufigen widerstrebenden Gedanken. Deine Aufmerksamkeit wird sich auf den subtilen Rhythmus der Hintergrundmusik auf der CD richten, sodass du zwangsläufig deine gewöhnlichen widerstrebenden Gedanken und Sorgen loslässt.

Während du der Musik lauschst und deine Atemzüge sich allmählich an ihren sanften Rhythmus anpassen, wird dein Körper von der Entdeckung der optimalen Atmung und der Nicht-Physischen Ausrichtung elektrisiert sein.

Atme tief und kräftig *ein* … 1, 2, 3 … und lange, langsam, leicht *aus* … 4, 5, 6, 7, 8. Und mit der Zeit, wenn du dich ein paar Tage lang auf diese

Weise erfrischt hast, wird sich dein Körper an seinen neu gefundenen Rhythmus erinnern, deine Atemwahrnehmung wird langsam ins Unbewusste gleiten, und dein physischer Körper wird sich an dieser Erfahrung der entspannenden Freude ergötzen.

Und dann, in diesem subtilen unbewussten Seinszustand, werden die Worte, die du im Hintergrund hörst, auf eine neue und machtvolle Weise nach vorne in dein Bewusstsein treten. Und in deinem ruhigen Zustand des Nichtwiderstands wirst du eine Schwingungsmäßige Resonanz mit dem Verständnis spüren, das diesen Worten zugrunde liegt.

Es wird nicht so sein, dass du zuhörst und dich danach erinnerst, sodass du diese Worte wiederholen kannst, sondern sobald du sie hörst, wirst du wissen, dass du sie *kennst*.

Dabei wirst du allmählich den Zustand des Universellen Wohl-Seins, in dem du lebst, unmittelbar verstehen; ein Zustand, in dem Bemühen und Versuchen durch Entspannen und Zulassen ersetzt sind … ein Zustand, in dem Würdigkeit nicht verdient, sondern einfach akzeptiert wird.

4

Du bist eine Erweiterung der Nicht-Physischen Quellen-Energie und mit großem Eifer und großen Absichten hierhergekommen. Du wolltest das perfekte Gleichgewicht des Gegensatzes der Erde erforschen, um das Leben in Bereiche zu bewegen, in denen es nie zuvor gewesen war.

Du bist ein Ewiges Wesen, und ein Teil davon ist jetzt in den physischen Körper fokussiert, von dem du glaubst, dass er dich ausmacht. Aber deine physische Person und Persönlichkeit sind nur ein Bestandteil von *allem-der-du-wirklich-bist*.

Wir erklären gern, dass *nur ein Teil von dem Bewusstsein, das du in Wirklichkeit bist, in der physischen Persönlichkeit fokussiert ist, die, so glaubst du, dich ausmacht*. Und so kannst du anfangen, bewusst über den umfassenderen Teil von dir nachzudenken, der weiterhin Nicht-Physisch fokussiert bleibt.

Sobald du dich daran erinnerst, dass du eine physische Erweiterung der Quellen-Energie bist, kannst du anfangen, dein Einswerden mit deiner umfassenderen, Ewigen Nicht-Physischen Entsprechung in Betracht zu ziehen und bewusst anzustreben.

Als du die Entscheidung trafst, in diese physische Zeit-Raum-Realität zu fokussieren, verstandest du sie als eine spektakuläre Arena des Gleichgewichts und der Vielfalt und des perfekten Gegensatzes.

Du warst voller Enthusiasmus angesichts der Aussicht auf die Möglichkeiten, die die Erde bot. Du wusstest, dass deine Erfahrung hier unaufhörlich Vorlieben, Entscheidungen und Entfaltung auslösen würde.

Du warst gespannt auf das, was dich erwarten würde, denn dir war klar, dass du Erfahrungen, Menschen und Ideen ausgesetzt sein würdest, aus denen sich deine Schöpfungsvorlieben herausbilden würden.

Du wusstest, dass es keinen Wettstreit um Ressourcen gibt, sondern nur Gelegenheiten, um deine eigenen Ideen hervorzubringen – und du wusstest, dass, sobald eine Idee geboren sein würde, der Weg zu ihrer Verwirklichung folgen würde.

Und jetzt bist du hier, eine Erweiterung der Quellen-Energie – fokussiert in der Umgebung des perfekten Gegensatzes und Gleichgewichts, genau so, wie du es beabsichtigt hast –, um zu forschen, Entscheidungen zu treffen, Vorlieben zu entwickeln, zu erschaffen und zu werden.

5

*Zum gegenwärtigen Zeitpunkt befindest du dich genau dort,
wo du sein wolltest, und die Quelle in dir ist erfreut –
denn dein Leben fordert ständig mehr Entfaltung durch dich ein,
und ALLES-WAS-IST profitiert von der wichtigen Rolle,
die du dabei spielst.*

Wenn dein Leben eine Situation präsentiert, in der sich in dir eine klare neue Frage bildet, bewegst du dich in eine neue Entfaltung. Und selbst wenn es keine Antwort auf deine Frage zu geben scheint, so bist du durchaus nach wie vor auf dem Weg zu persönlichem Wachstum.

Wenn du mitten in einem Problem steckst, oder gar in etwas, was du vielleicht als Krise betrachtest, bewegst du dich ebenfalls in eine neue Entfaltung. Und auch wenn du glaubst, die Lösung deines Problems sei außer Reichweite, so ist das doch nie der Fall.

Wann immer sich in deinem Leben eine Frage oder ein Problem herauskristallisiert – so kristallisiert sich zugleich eine gleichwertige Antwort oder Lösung heraus.

Als du die Entscheidung trafst, in deinen physischen Körper zu fokussieren, verstandest du aus deiner Nicht-Physischen Perspektive voll und ganz diesen erstaunlichen Prozess der Schöpfung und Entfaltung und du setztest begeistert deine Absicht um, hier zu sein, in dieser Raum-Zeit. Du genossest die Vorstellung von den ständigen Begegnungen mit anderen Schöpfern und du verstandest, dass ihr gegenseitige Katalysatoren für die erfreuliche Entfaltung sein würdet.

So, wie dein Leben unentwegt neue Fragen aufwirft, liefert es ebenfalls neue Antworten – die Entfaltung auslösen. So, wie dein Leben neue Probleme präsentiert, präsentiert es ebenfalls neue Lösungen – die Entfaltung auslösen – und *Alles-Was-Ist* profitiert von deiner Bereitschaft, zu leben und zu überlegen und zu forschen … und dich zu entfalten.

Weil die Quelle in dir sich dieses Prozesses so bewusst ist (und um die Bestimmtheit der Antworten und Lösungen weiß), wird jeder Teil deiner physischen Erkundungen freudig anerkannt.

Durch diesen Prozess wirst du zu deinem Nicht-Physischen Verständnis zurückfinden, und dann werden die Probleme keine Probleme mehr sein, sondern als das angesehen, was sie im Grunde sind – Leben spendende Gelegenheiten zu Ewiger Entfaltung.

6

Während du dich entspannst und tief atmest,
kannst du die Anerkennung, die die Quelle für dich empfindet,
wahrnehmen – Anerkennung für deine physische Welt,
für deren Vielfalt und für den Strom niemals
endender Wünsche, der aus dir fließt.

Die Nicht-Physische Quelle, der du entstammst, ist sich deiner immer bewusst, erfreut sich immer deiner, liebt dich immer und empfindet immer Anerkennung für die wichtige Rolle, die du bei der Entfaltung von *Allem-Was-Ist* spielst. Dein fehlendes Gewahrsein der Quelle in dir beeinträchtigt in keinerlei Weise die Fähigkeit der Quelle, sich *deiner* bewusst zu sein.

Da deine Nicht-Physische Quellen-Energie dich immer wahrnimmt, immer zu dir fließt, wird jegliche Störung in dieser Kommunikation stets von dir verursacht, und zwar durch das, worauf du aktuell fokussiert bist. Aber, Tag für Tag, während du deine Aufmerksamkeit auf den Rhythmus der Hintergrundmusik, die Frequenz deiner Atmung, den Eindruck dieser Worte richtest – werden sich lang gehegte Widerstandsmuster allmählich auflösen.

Da Widerstand, der durch deine Gedanken eingebracht wurde, das Einzige ist, was die bewusste Verschmelzung zwischen dir und deinem *Inneren Sein* verhindert, wird dein bewusstes Gewahrsein deiner Beziehung mit der Quelle nach vorn treten, während dieser Widerstand allmählich verschwindet.

Wenn du Liebe empfindest, oder Anerkennung, Leidenschaft, Freude, sind diese Gefühle nicht nur dein Indikator dafür, dass du mit der Quelle in dir verbunden bist, sondern sie sind auch Indikatoren dafür, wie die Quelle sich fühlt. Aufgrund der Perspektive der Liebe, die die Quelle stets einzunehmen wählt, steht dir immer ein Schwingungsmäßiges Leitsignal bereit, um dich darauf einzustimmen.

Der einzige Weg zu deiner Ausrichtung auf die reine positive Energie in deinem Innersten besteht darin, dass du einfach deine Aufmerksamkeit von widerstrebenden Gedanken abziehst. Und darum entspanne dich einfach, atme tief und lasse deine natürliche Ausrichtung zu.

7

Vor deiner Geburt in diesen physischen Körper verstandest du die Bedeutung der kontrastierenden Vielfalt auf dem Planeten Erde. Du stürztest dich eifrig darauf, die Vielfalt zu erkunden und dich an der Entfaltung zu erfreuen, von der du wusstest, dass sie durch dich herbeigerufen würde.

Von deinem physischen Standpunkt verstehst du, wie reizvoll eine Vielfalt von Wahlmöglichkeiten und Gelegenheiten sein kann, wenn es um dein Essen, deine Kleidung, deine Fahrzeuge, dein Zuhause, deine Beziehungen geht … Du weißt, dass, je mehr Optionen zur Verfügung stehen, deine Erfahrung umso befriedigender ist, weil ein Mehr an Optionen eine detailreichere Kreativität ermöglicht.

Von deinem Nicht-Physischen Standpunkt hegst du eine noch größere Wertschätzung für Vielfalt und Gegensatz, denn der Gegensatz erlaubt nicht nur zufriedenstellendere Alternativen – vielmehr bildet er die Grundlage für jede neue Schöpfung.

Es ist viel mehr, als das reichhaltige Angebot, beispielsweise ein Büffet, zu betrachten und dann einfach die Speisen auszuwählen, die einen zufriedenstellen. Stattdessen ist es das befriedigende Verständnis, dass die existierenden Komponenten weiterhin eine niemals endende Überfülle an neuen Komponenten erzeugen werden, aus der man wählen kann. Die Dynamik der Schöpfung ist berauschend und Leben spendend.

In deinem Wissen um den schöpferischen Prozess und die wichtige Rolle, die du bei der Entfaltung von *Allem-Was-Ist* spielen würdest, machtest du dich voller Ungeduld in diese Raum-Zeit auf. Du warst versessen darauf, die Optionen zu erforschen, die von denen, die vor dir gekommen waren, geschaffen worden waren. Du warst versessen darauf, zu forschen und zu beobachten und zu bewerten und zu entscheiden. Aber die Versessenheit, die du empfandest, rührte nicht nur von der Möglichkeit her, die existierenden Komponenten zu betrachten, die vor deiner Ankunft ins Leben gerufen worden waren. Deine Versessenheit rührte von der Kreativität her, die aus dir fließen würde, während du das Vorhandene innerlich verarbeiten und deine neuen persönlichen Bitten um mehr entdecken würdest .... *An der vordersten Front des Denkens und der Schöpfung – genau dort wolltest du sein.*

8

Dein Leben soll sich für dich gut anfühlen, denn du hast es bewusst gewählt als die Plattform, von der aus mehr fließen wird. Die nicht enden wollende Anerkennung, die die Quelle für dich empfindet, wird dich in eine warme Decke des Würdigseins hüllen, sofern du es zulässt.

Als du in deine physische Erfahrung eintratest, verstandest du, dass sowohl das physische als auch das Nicht-Physische Universum auf absolutem Wohl-Sein basiert.

Du empfandest keine Sorge um die Existenz ungewollter Dinge, da du die Wichtigkeit von Gegensatz und Vielfalt verstandest und wusstest, dass aus dieser Vielfalt eine noch schönere Schöpfung entstehen würde.

Du wusstest, dass dein Schwerpunkt und dein Fokus auf der neuen Schöpfung liegen würden, die aus der Vielfalt entstehen würde, und daher war der Gegensatz, der die Entfaltung auslösen würde, eine gute Sache.

Das Betrachten und das Verarbeiten der Einzelheiten von Gewünschtem und Ungewünschtem lassen ständig neue Wunschraketen entstehen. Und wenn du deinen Fokus von deinem Gewahrsein der unzulänglichen oder unerwünschten Aspekte deiner Betrachtung schnell umlenkst auf die neuen Ideen der Schöpfung, die aus ebendieser Betrachtung hervorgehen, dann bist du auf der gleichen Schwingungsmäßigen Wellenlänge wie die Quelle in dir, die der allerneuesten Schöpfung immer freudig entgegensieht.

Indem du deinen persönlichen Fokus auf die neue Idee hin ausrichtest, wirst du dich mit der Verdersten-Front-Perspektive der Quelle verbinden, und du wirst feststellen, dass du mit *dem-der-du-wirklich-bist* und mit *allem-was-du-geworden-bist* eins geworden bist.

Wenn kein Schwingungswiderstand die Kommunikation zwischen dir und der Quelle beeinträchtigt, wirst du deine Schwingungsharmonie mit der Quelle in dir intuitiv, taktil spüren. Und während mit physischen Worten die physische Empfindung nicht zu beschreiben ist, wird jede Zelle deines Körpers deine Harmonie mit der Quelle im Energiestrudel bestätigen.

9

Dein Leben dient dir gut und bietet die Basis für Entfaltung, genau so, wie du es wusstest, als du die Entscheidung trafst, hierherzukommen, denn du hast unzählige Wunschraketen in deinen Energiestrudel der Schöpfung gestartet, und in ihn häufig einzutreten wird sich immer gut anfühlen.

Jeden Tag, den ganzen Tag lang, veranlasst der Gegensatz – in unterschiedlichem Maße – dich dazu, Wunschraketen in deinen Energiestrudel der Schöpfung zu starten. Manchmal ist der Gegensatz so beschaffen, dass du Wunschraketen startest, die sich wie sehr große Bitten anfühlen, und dann wiederum kommt es dir vor, als würden die Raketen einfach frühere Absichten verbessern. Und so hört deine Entfaltung niemals auf ... weil deine Raketen niemals aufhören ... weil der Gegensatz niemals aufhört.

Wenn ein neuer Wunsch aus dem Gegensatz heraus entsteht, spürt die Quelle immer die erfreuliche Erfahrung der Entfaltung, weil sie keinen Widerstand gegen die neue Entfaltung hegt und sie daher unmittelbar erfährt.

Unsere CD soll dir dabei helfen, Widerstand sanft und kontinuierlich abzubauen, sodass es dir möglich wird, dich regelmäßig in deinen Energiestrudel zu begeben.

Jedes Mal, wenn du dir in deinen Energiestrudel einzutreten erlaubst, wirst du dich gut fühlen, weil du jedes Mal, wenn du dich in ihn begibst, eins wirst mit deiner Entfaltung.

Und daher wird der Gegensatz um dich herum immer deine Entfaltung sicherstellen … Und die Quelle in dir wird sich immer auf diese Entfaltung konzentrieren … Und indem du unangenehme Gedanken loslässt, wird dir das wohlige Eintreten in deinen Energiestrudel möglich sein, wo du eine kooperierende Komponente deiner Wünsche bist.

Dadurch, dass du behutsam und kontinuierlich Widerstand abbaust und dich regelmäßig in deinen wohligen Energiestrudel begibst, wird es dir nicht nur immer leichter fallen, dort länger zu verweilen – sondern es wird für dich unendlich einfacher sein, zu ihm zurückzukehren.

Es gibt keine physische Empfindung, die sich besser anfühlt, als diejenige, die du erfährst, wenn du deine Schwingungsharmonie mit deiner Quelle und mit deiner Entfaltung zulässt.

10

Aus deinem Energiestrudel heraus befriedigen und erfreuen dich Dinge, du fühlst dich expansiv und verspielt und bist begierig auf mehr. Mit jeder neuen Entdeckung – und jedem neuen Ort, an dem du dich aufhältst – ruft und erfrischt dich weiterhin das expansive Gefühl nach MEHR.

Wenn du dich außerhalb deines Energiestrudels der Schöpfung befindest und deine Aufmerksamkeit auf *ungewünschte* Dinge richtest, kristallisieren sich zugleich gleichwertige Vorstellungen von *gewünschten* Dingen heraus. Dein Gewahrsein dessen, was du *nicht willst*, ruft eine Schwingungsmäßige Version des von dir *Gewollten* herbei, aber du hast keinen Zugriff auf diese erwünschte Version, solange du dich außerhalb deines Energiestrudels aufhältst. Mit anderen Worten, deine Aufmerksamkeit auf die Details deines aktuellen Komponentensortiments ruft andere Komponenten hervor, auf die du jedoch in diesem Augenblick nicht zugreifen kannst. Aber wenn du dich in deinem Energiestrudel befindest, stehen dir alle diese ein Wohlgefühl vermittelnden, neu geschaffenen Alternativen zur Verfügung.

Anders ausgedrückt, *innerhalb* deines Energiestrudels wählst du das Beste vom Besten, was das Leben zu bieten hat.

Während es stets unser Wunsch ist, dass du den Nutzen des Gegensatzes erfährst, solltest du auch wissen, dass du nicht zwangsläufig Unannehmlichkeiten erleiden musst, um Entfaltung zu erfahren. Du könntest in deinem wohligen Energiestrudel verweilen und dich an den unendlichen Wahlmöglichkeiten erfreuen, um mit ihnen deine sich entfaltende Realität zu erschaffen.

Selbst wenn du aus dem sich gut anfühlenden Sortiment in deinem Energiestrudel wählst, erschaffst du weiterhin neue Komponenten, neue Möglichkeiten, neue Ideen und neue Entfaltung. Du erschaffst nicht nur neue Komponenten, um sie in die Einzelheiten deiner Lebenserfahrung einzufügen, sondern du entwickelst eine beständige neue Perspektive, aus der du sie genießen kannst. Mehr Entdeckungen, mehr Beziehungen, mehr Kombinationen, mehr Abenteuer, mehr Wissen, mehr Wünsche, mehr Wertschätzung …

Es ist immer das Neue, was erfrischt … Dort, in dem Neuen, weilt die Quelle – und sendet ein Signal der Liebe und der Freude aus, das dich unentwegt zu niemals endender Entfaltung aufruft. Zu mehr!

11

Deine Welt entfaltet sich nach und nach, stetig wachsend und erfrischend, während sie mit jedem weiteren Schritt Balance findet. Wohl-Sein ist die vorherrschende Basis von ALLEM-WAS-IST, des Universums und des physischen Planeten, auf dem du jetzt stehst.

Dein Planet dreht sich um seine Umlaufbahn in der Nähe von anderen Planeten in einem perfekten und stabilen Tanz, weil er unentwegt Balance sucht und findet. Wie alle Lebewesen verändert sich deine Erde ständig und entfaltet sich. Andernfalls würde sie aufhören zu existieren.

Deine Erde ist darum stabil, weil ihr Wandel und ihre Entfaltung nicht ihre Fähigkeit, Balance zu finden, übertreffen. Nicht nur die Größe der Erde und die physikalischen Gesetze sind von ausreichender Bedeutung, um den Schock über jede Veränderung zu dämpfen, sondern auch die Schwingungsnatur des Wohl-Seins der Erde.

Während deine Erde eine geologische Kugel aus Stein und Erde und Wasser zu sein scheint, die von der Schwerkraft zusammengehalten wird, ist so viel mehr damit verbunden, denn jedes Partikel der irdischen Substanz enthält Schwingungsbewusstsein, das individuelle Balance anstrebt – ein Bewusstsein, das mit einer Umfassenderen Nicht-Physischen Zukunftsvision der Erde harmoniert.

So, wie ein großes Schiff, ausgestattet mit modernen Stabilisatoren, zumeist unbeeinträchtigt stürmische Gewässer überquert, während frühere weniger gut ausgerüstete Schiffe von den Wellen hin und her geworfen wurden, hat die Evolution deines Planeten seine Stabilität gesichert. Dein Planet bewegt sich nicht zurück zu geringerer Stabilität.

Auch wenn die menschlichen Bewohner des Planeten Erde sich oft außerhalb ihrer Energiestrudel befinden, in einem Zustand des Widerstands gegen ihr persönliches Wohlbefinden, so findet das überwältigende Bewusstsein deines Planeten (im Boden, im Wasser, in Flora und Fauna) mit jedem Schritt auf dem Weg zunehmend Balance.

Mit der Zeit, während du dich in die Harmonie mit deiner Quelle hinein entspannst und atmest, wirst du fähig sein, den vorherrschenden Schwingungspuls des Wohl-Seins zu spüren, der deine Erde und alles, woraus sie besteht, durchdringt. <u>Wohl-Sein ist die Basis von ALLEM-WAS-IST</u>.

12

Deine großartige Welt ist auf ewig mit dem beständigen Rhythmus des Wohl-Seins in seinem Kern verbunden – und das Gleiche trifft auf dich zu. Während du dich entspannst und dich erfrischst und beim Atmen Widerstand abbaust, wirst du den ausgleichenden Rhythmus deiner Quelle entdecken.

Du bist in deinem physischen Körper eine Erweiterung der Quellen-Energie, und dein physischer Planet ist ebenfalls eine Erweiterung der Quellen-Energie.

Du hast eine Nicht-Physische Entsprechung, die wir als dein *Inneres Sein* bezeichnen, und dein Planet hat ebenfalls ein *Inneres Sein*. Jedes Partikel deiner physischen Welt hat eine Nicht-Physische Quelle, der es entstammt, und jedes Partikel deiner physischen Welt hat ebenfalls eine an vorderster Front stehende Schwingungsmäßige Version, die es nach vorn ruft.

Diese Schwingungsmäßige Version dessen, was du als deine physische Zukunft bezeichnen könntest, hält einen gleichmäßigen Rhythmus des Wohl-Seins für dich in deinem Energiestrudel bereit.

So, wie die große und unterschiedliche Vielfalt der Schwingungskomponenten, die deine Erde bilden, ihre Stabilität sicherstellen, leisten die Billionen Zellen, die deinen physischen Körper bilden, das Gleiche für dich. Das ist der Grund für die außerordentliche Unverwüstlichkeit deines physischen Körpers.

Das unbegrenzte Bewusstsein der Partikel, aus denen sich dein immenser Planet zusammensetzt, bringt sich niemals, unter keinen Bedingungen, um die Ausrichtung auf die Energie ihrer Quelle. Die innerste Schwingung des Wohl-Seins ist so signifikant, dass eine Trennung von ihr nicht vorkommt.

Im Laufe der Zeit, während du diesen Prozess durchläufst, werden deine gewohnheitsmäßigen Emotionen Furcht, Sorge, Frustration, »Kontra-Sein« und Ärger vergehen, sodass dein zellulärer Kern seine natürliche Schwingungsbalance zu finden vermag. Tag für Tag, während du dich entspannst und atmest, wird dein natürliches Wohl-Sein dominieren, bis dein stabiler Stand unerschütterlich sein wird. Dank deiner beständigen Ausrichtung auf die Energie des Wohl-Seins wirst du deine Welt durch die Augen der Quelle sehen, und du wirst dich fühlen, wie du dich fühltest, als du die Entscheidung trafst, in deinen physischen Körper einzutreten: zufrieden mit dem-was-ist und begierig nach mehr!

13

Sei unbesorgt um dein Leben und empfinde Wertschätzung für DEN-DER-DU-BIST, während du wunderbare Dinge zu dir fließen lässt. Während du dich in die auf dem Gesetz basierende Prämisse unserer Worte hinein entspannst, wird jeglicher Widerstand, den du auf deinem physischen Weg gesammelt hast, abgebaut werden.

Weil du dich täglich auf die Frequenz deiner Quelle einstimmst, wird alles in deiner Lebenserfahrung dank dieser Entscheidung vorteilhaft beeinflusst werden. Lebe unbeschwert und lasse von allen Kämpfen und Sorgen ab. Versuche nicht länger, Dinge geschehen zu machen. Mach dich frei von deinem Versuch, Situationen und andere zu kontrollieren. Hör auf, dich selbst fertigzumachen. Hör auf, deine Fortschritte zu messen. Und wenn du dich dabei ertappst, mit diesen Dingen anzufangen, erinnere dich daran, dass du dich um alles kümmerst, was erledigt werden muss, während der Einstimmungssitzungen, an denen du jetzt täglich teilnimmst. Dann *entspanne dich* und *atme* und *lächle* – und *lasse zu*.

Schon bald wirst du erkennen, dass es immer dein Kampf und deine Sorge waren – und der Versuch einer nicht möglichen Kontrolle –, die dir unerwünschte Dinge präsentiert haben. Wenn weniger Widerstand geleistet und mehr zugelassen wird, können unerwünschte Dinge nicht bleiben.

Schon bald wirst du erleben, dass ein stetiger Strom von erwünschten Dingen in deine Erfahrung fließt, mit der gleichen Leichtigkeit und Strömung wie Wasser, das einen Berg hinunterfließt. Du wirst feststellen, wie einfach und herrlich das Ernten der Wünsche ist, die du bereits in deinen Energiestrudel geschickt hast, wenn du kontinuierlich in ihm weilst.

Dein Energiestrudel wird dich lehren, wenn du kontinuierlich in ihm weilst, dass die beste *Anstrengung*, die du auf dich nehmen kannst, darin besteht, Widerstand loszulassen und einfach *zuzulassen*, dich in ihm aufzuhalten. Denn in deinem Energiestrudel fließen deine Gedanken leicht und klar und präzise, fühlt sich dein physischer Körper stabil an, ist deine Vitalität hoch und dein Timing in der Interaktion mit anderen perfekt.

Du wirst anfangs erstaunt darüber sein, wie wenig Mühe im Grunde erforderlich war, um sich auf die Energie, die Welten erschafft, einzustimmen, und dass deine wahre Macht im Nichtkampf liegt.

14

Während du unseren Worten lauschst und dich daran erinnerst, WER-DU-BIST, wirst du deine natürlichen Schwingungsmuster des Wohl-Seins wiederentdecken. Mit jedem Tag wirst du mehr Klarheit, mehr Vitalität und mehr Eifer an dir feststellen. Jeden Tag wirst du dich daran erinnern, WER-DU-BIST und warum du gekommen bist.

Du hast deinen Schwingungswiderstand gegen Wohl-Sein allmählich gesammelt, während du deinen physischen Weg beschritten hast – und auch der Abbau dieses Widerstands wird allmählich erfolgen.

Der sich besser und besser anfühlende Weg zur Freiheit des Nichtwiderstands verläuft fortschreitend, und jeder neue Tag wird produktiver sein als der Tag zuvor. Daher ist es von enormem Wert für dich, unsere geführte Meditation regelmäßig zu hören.

Wenn du die Entscheidung triffst, deine bewusste Absicht auf deine Atmung gerichtet zu lassen, werden sich im ersten Monat dieser täglichen Meditation mehrere natürliche Vorteile zeigen: Wenn du anfangs einige Abschnitte der CD hörst, wird normalerweise deine Aufmerksamkeit auf deine Atmung abschweifen, und deine Gedanken lassen sich zu einem Schwingungsmäßig aktiven Aspekt deines Lebens treiben. Selbst die Worte, die wir auf der CD sprechen, können einen widerstrebenden Gedanken in dir stimulieren. Aber nach ein paar Tagen des Entspannens und des Atmens wirst du anfangen, die Leichtigkeit eines ruhigeren Geistes zu spüren – und der Vorgang des einfachen Atmens wird sich zunehmend einladend und vorteilhaft für dich anfühlen.

Aufgrund deiner Bereitschaft, dich auf deine Atmung zu konzentrieren und dadurch deine widerstrebenden Gedanken zu deaktivieren, werden die Worte auf der CD in den Vordergrund rücken, und du wirst anfangen, der Macht dieser Worte gewahr zu werden. Nicht weil die Worte klarer werden, sondern weil du sie immer klarer empfängst.

Jeden Tag wirst du ein höheres Maß an Klarheit, Leichtigkeit, Enthusiasmus, Gewahrsein, Vitalität, Kraft, Freude, Interesse, gutem Timing und harmonischen Begegnungen mit Ideen, Situationen, Ereignissen und anderen feststellen. Jeden Tag wirst du zu einer größeren Schwingungsharmonie mit deinem natürlichen Zustand des Wohl-Seins gelangen.

15

Das, was deine Quelle ist, ist sich in diesem Augenblick deiner voll und ganz bewusst und empfindet eine unbeschreibliche Wertschätzung für DEN-DER-DU-BIST. Dein Leben soll sich für dich gut anfühlen, und du sollst in deinem Leben glücklich sein – und du sollst deine Träume verwirklichen.

Die Quelle in dir ist sich deiner immer voll und ganz bewusst, auch wenn du dich der Quelle nicht voll und ganz bewusst sein solltest. Und genauso, wie sich die Worte auf dieser CD nicht ändern und klarer werden, denn es ist vielmehr dein Empfang, der sich ändert und die Klarheit zulässt, wirst du allmählich eine klarere Erkenntnis deiner Beziehung mit deiner Quelle zulassen.

Solange du dich nicht in Harmonie mit der Liebe befindest, die die Quelle zu dir fließen lässt, ist es, als ob sie nicht wirklich da wäre, während sie doch tatsächlich immer da ist. Es genügt nicht, von einem anderen geliebt zu werden. Du musst eine Schwingungsmäßige Entsprechung zu dieser Liebe sein, um die Erfahrung des Geliebtseins zu kennen.

Um in deinen natürlichen Zustand der Liebe und Wertschätzung zu gelangen, ist es nicht erforderlich, dass du deine Aufmerksamkeit auf liebenswerte Objekte richtest, sondern lediglich das Fehlen von Widerstand, der das Einzige ist, was deinen natürlichen Zustand der Liebe und der Wertschätzung und des Wohl-Seins behindern oder abschwächen kann.

In der Abwesenheit von widerstrebenden Gedanken kehrt deine Schwingung in ihren natürlichen Zustand der Macht und Klarheit und Liebe zurück. In der Abwesenheit von widerstrebenden Gedanken kehrt deine wahre Natur der Unverwüstlichkeit und Wiederauffüllung und Vitalität zurück. In der Abwesenheit von widerstrebenden Gedanken kehrt deine wahre Natur der Begierde und der Freude und des Spaßes zurück.

Nicht durch Kampf und Mühe und Versuch wird Widerstand abgebaut, sondern vielmehr durch Sichablenken und Loslassen und Entspannen.

Unsere geführte Meditation auf der CD enthält ein perfektes Schwingungsrezept, um das einzige Hindernis für alle deine Wünsche aus dem Weg zu räumen. Wenn du es zulässt, wird es dich behutsam und allmählich zu der Gewährung all deiner Bitten führen.

Dein Leben soll sich gut für dich anfühlen, und du sollst deine Träume verwirklichen. Nichts ist zufriedenstellender als die bewusste Ausrichtung auf deine Träume.

16

Du machst deine Sache außerordentlich gut.
Das Wohl-Sein, nach dem du strebst, fließt zu dir.
Entspanne dich und genieße das, was sich entfaltet, und empfinde Wertschätzung für DAS-WAS-IST und Leidenschaft nach dem, was kommt … Hier herrscht große Liebe für dich.

Und, wie immer, bleiben wir – im Energiestrudel.

Du wirst zunehmend Gefühle der Erleichterung erleben, während du nach und nach zulässt, dass sich dein Widerstand abbaut, so, wie es dich erleichtert, zu trinken, wenn du durstig bist, oder zu essen, wenn du hungrig bist.

Die Ewige Natur deines Seins und die herrliche Plattform der Entfaltung, auf der du stehst, werden dich in einer stetigen Suche oder in einem stetigen Durst nach dieser Entfaltung halten, mit einer nicht enden wollenden Zufriedenheit, die sich dir entgegenstreckt.

Der perfekte Kontrast der Raum-Zeit-Realität wird weiterhin deinen Durst anregen und gleichzeitig die Erfüllung jedes Wunsches, der geweckt wurde, in Aussicht stellen.

Ob du in diesem Augenblick auf den Kontrast fokussiert bist – und daher dabei bist, um mehr zu *bitten* – oder ob du in diesem Augenblick auf deine Atmung fokussiert bist und *zulässt*, um was du gebeten hast, es ist alles Teil des Prozesses und es liegt alles auf deinem Weg.

So, wie deine Frage immer klarer wird, wird auch deine Antwort immer klarer. So, wie dein Problem sich immer stärker herauskristallisiert, kristallisiert sich auch deine Lösung immer stärker heraus. Mit unserer CD wird es dir leichter fallen, auf Resonanz mit der Lösung zu stoßen. Dadurch, dass du dir die geführten Meditationen wiederholt anhörst, wird es möglich, dass jegliche Probleme in den Hintergrund und die Lösungen in den Vordergrund rücken.

Im Laufe der Zeit wird deine Wertschätzung für die Frage gleichbedeutend mit deiner Wertschätzung für die Antwort, und deine Wertschätzung für das Problem wird gleichbedeutend mit deiner Wertschätzung für die Lösung. Und in deiner neu gefundenen Gelassenheit mit dem-was-ist wirst du dich in dem Zustand wiederfinden, das zuzulassen, was du dir wirklich wünschst. Und dann werden sich dir alle Arten von kooperierenden Komponenten in einem köstlichen mitschöpferischen Tanz der Bewussten Schöpfung offenbaren.

Meditation

Finanzielle Fülle

1

Wir werden uns nun eine Zeit lang in deine physische Lage versetzen und Worte äußern, die von größtem Nutzen für dich sind. Denn wir wollen dir helfen, die Schwingungsmäßige Haltung zu finden, die es erlaubt, finanzielle Fülle in deine persönliche Erfahrung fließen zu lassen.

Manchmal, selbst wenn du darum bittest, dass sich ein bestimmter Wunsch erfüllen möge, bewegst du dich in Wirklichkeit nicht auf die Erfüllung deines Wunsches hin, sondern du entfernst dich von ihm. Und selbst wenn du glaubst, dass du um etwas *bittest*, was du dir wünschst, entstand deine Bitte in Wirklichkeit aus deinem *Mangelbewusstsein* heraus.

Normalerweise fühlst du dich entmutigt, wenn viel Zeit vergeht, während du an deinem Wunsch »arbeitest«, aber die Ergebnisse, die du anstrebst, materialisieren sich nicht. Wir wollen dir helfen zu verstehen, dass du von dort aus dein Ziel einfach nicht erreichen kannst:

Du kannst nicht dorthin gelangen, wo du sein möchtest, wenn du dir dieses Mangels voll bewusst bist.

Statt zu sagen: »Ich will mehr Geld haben«, sage lieber: »Ich möchte mein finanzielles Wohl-Sein *fühlen*.« Weißt du, es ist möglich, ein gesteigertes Gefühl für finanzielles Wohl-Sein zu *verspüren*, noch bevor das Geld kommt. Aber wenn du dich auf den *Wunsch* nach Geld konzentrierst und die *Abwesenheit* des Geldes bewertest, durchkreuzt du Schwingungsmäßig dein Vorhaben.

Statt zu sagen: »Ich will (oder brauche) ein neues Auto«, sage lieber: »Mir gefällt das *Gefühl* des Wohl-Seins, das sich mit dem Fahren eines neuen Autos einstellt.« Denn du kannst dieses Gefühl herbeiführen, noch bevor du das neue Auto fährst; und sobald das *Gefühl* ständig in dir präsent ist, werden das neue Auto und viele andere Dinge, die deinem Sicherheitsgefühl entsprechen, zu dir fließen.

Wenn du die auf dem Gesetz basierenden Worte auf unserer CD leise im Hintergrund deines Bewusstseins abspielen lässt, wird dein Widerstand gegen Wohl-Sein geringer werden, während du in immer höherem Maße Wohl-Sein zulässt. Du musst dich nur daran erinnern, dass anfangs der Beweis für deinen verbesserten Zustand des Zulassens sich in Form von sich gut anfühlenden Emotionen zeigt, nicht in Form von Geld oder neuen Autos. Aber schließlich werden sich auch das Geld und die neuen Autos materialisieren.

2

Der Strom der Fülle fließt großzügig – und das ist recht so – und es ist an der Zeit, dass du deinen Anteil erhältst. Das wird für dich nicht schwer sein und auch nicht viel Zeit beanspruchen, weil du bereits auf dem besten Weg dazu bist.

Es ist an der Zeit, dass sich die finanzielle Fülle, die du anstrebst, in deiner Erfahrung materialisiert, nicht weil du einen genügend hohen Preis dafür durch Fleiß und harte Arbeit bezahlt hast, sondern weil du jetzt verstehst, dass es weder Fleiß noch harte Arbeit ist, die sie bringt – sondern die Schwingungsmäßige Ausrichtung auf Fülle.

Durch das Leben, das du lebst, und den Kontrast, den du erforschst, hast du viele Äcker der Fülle bestellt, und jetzt können sie zu deiner Freude geerntet werden. Es geht dabei nicht darum, dass du es dir verdient hast oder dessen würdig bist, sondern um dein Verständnis und deine Ausrichtung auf dein gewünschtes Wohl-Sein.

Der Strom der Fülle ist keine messbare Menge, die gerecht verteilt wird, bis nichts mehr übrig ist, denn es gibt keine Beschränkung auf diese Fülle oder auf diejenigen, die von seinem Strom trinken. Der Strom der Fülle vergrößert sich proportional, um die stets steigenden Wünsche zu erfüllen, und dabei hält er nicht nur perfekt Schritt mit den Wünschen, sondern vergrößert sich wegen ihnen.

Weil sich deine Wünsche eine Zeit lang im Prozess des Werdens befinden und weil der Strom sich vergrößert, um diese Wünsche aufnehmen zu können, besteht jetzt deine einzige Aufgabe darin, in Schwingungsmäßige Harmonie mit deinen Wünschen zu gelangen, um die völlige Zufriedenheit angesichts ihrer sicheren Materialisierung zu erfahren.

Die Zeitspanne zwischen dem Jetzt und der Manifestation deiner Wünsche ist genau genommen die Zeit, die du brauchst, um Angst durch Gelassenheit zu ersetzen.

Es ist unsere Hoffnung, dass – als Folge deines täglichen Hörens dieser CD – dein Widerstand nachlassen wird, dass du anfangen wirst, dich immer besser zu fühlen, dass deine Beziehung zur finanziellen Fülle, die du dir wünschst, sich verbessern wird … und dass dies alles für dich nicht schwer sein wird.

3

Den Worten, die du hörst, wohnt Macht inne;
und im Laufe der Zeit wird dein Widerstand
schwächer werden und dein Zulassen in Gang kommen.
Während dein WIDERSTAND durch ZULASSEN ersetzt wird –
so, wie ZWEIFEL durch ÜBERZEUGUNG ersetzt wird –,
wird deine FÜLLE offenkundig werden.

Auch wenn uns voll und ganz bewusst ist, dass die finanzielle Fülle ansteht und auf dich wartet, kann unser Wissen um deine Fülle nicht augenblicklich auf dich übertragen werden, trotz unserer machtvollen Worte dir gegenüber, die unser Wissen widerspiegeln.

Die Schwingungsmäßige Veränderung, die in dir stattfinden wird, während du dieser CD lauschst, wird also nicht aufgrund unserer machtvollen Worte erfolgen oder aufgrund der Wahrheit unserer Botschaft, sondern weil es *deine* Schwingungsmäßige Veränderung ist.

Aus deiner menschlichen Perspektive glaubst du oft, dass du hart arbeiten musst, um Hindernisse zu überwinden, um einen Mangel auszugleichen und vor dir liegende Probleme zu lösen; aber mit dieser Haltung oder diesem Ansatz arbeitest du oft gegen dich, ohne dir darüber klar zu sein. *Die Aufmerksamkeit auf Hindernisse lässt sie noch größer und hartnäckiger werden und länger bestehen; die Aufmerksamkeit auf einen Mangel lässt ihn noch größer werden und länger bestehen – und die Aufmerksamkeit auf ein Problem verhindert eine sofortige Lösung.*

Während du dir diese CD anhörst und dabei deine Aufmerksamkeit auf deine Atmung und auf den natürlichen Rhythmus deines Körpers richtest, wird jegliche problematische Schwingungsmäßige Aktivierung aufhören zu existieren. Und in der Abwesenheit dieses Widerstands wird deine Schwingung allmählich auf natürliche Weise angehoben, bis sie mit der höheren Schwingung gerade der Lösungen, nach denen du dich sehnst, in Harmonie gelangt.

In der Abwesenheit von Sehnsucht, in der Abwesenheit von Zweifeln – in der Abwesenheit von Hindernissen und Mangel und Problemen – werden die Lösungen und die Fülle liegen, die du suchst. Und die Anzeichen für deine Schwingungsmäßige Veränderung werden auf zweierlei Weise zutage treten: Erstens wirst du dich besser fühlen; und zweitens wird der physische Beweis für die finanzielle Verbesserung aus unzähligen verschiedenen Richtungen zu dir fließen.

4

Unsere Worte werden dir helfen, dein Gefühl im Hinblick auf Geld von Angst oder Sorge in Begeisterung und Freude zu verwandeln. Wenn diese emotionale Veränderung erfolgt, werden direkte finanzielle Manifestationen der Beweis für diese Veränderung sein.

Wenn du dir diese CD ein paar Tage lang anhörst – und dich dabei entspannst und atmest –, wird dein schwächer werdender Widerstand für dich darin offenkundig, dass sich die Anspannung in deinem Körper auflöst. Du wirst nicht nur mehr Wohlgefühl verspüren, sondern auch mehr Klarheit und mehr physische Stärke.

Wenn dein Widerstand schwächer und deine Übereinstimmung größer wird, wirst du anfangen, eine stärkere Resonanz mit den Worten zu spüren, denen du lauschst. Es ist eine sehr befriedigende Erfahrung, wenn Worte, die du auf eine logische oder intellektuelle Weise hörst und verstehst, zu einer auf emotionaler Resonanz basierenden Art von Verständnis führen.

Vielleicht weisen dich körperliche Empfindungen wie Zittern oder Gänsehaut auf die Schwingungsausrichtung hin, die du erreicht hast. Und wenn diese Schwingungsmäßige Veränderung eintritt, ist es so, als würde man von einem kleinen dunklen Raum hinaus in das herrliche Tageslicht treten, wo *Verwirrung* durch *Klarheit* und *Ungewissheit* durch *Wissen* ersetzt wird.

Sobald diese Schwingungsmäßige Veränderung in dir stattfindet, werden alle möglichen Anzeichen dies bestätigen:

* Ideen, die dir ein gutes Gefühl geben, werden in Fülle zu dir fließen.
* Dinge, über die du dich gewundert hast, werden sich in größerer Klarheit zeigen.
* Dinge, die du tun wolltest, werden sich dir auf offensichtliche und leicht auszuführende Weise präsentieren.
* Probleme, die hartnäckig zu sein schienen, lösen sich von selbst ohne dein Zutun.
* Und Geld und Gelegenheiten werden auf überraschende und unerwartete Weise in deine Erfahrung treten.

5

Wenn wir dich davon überzeugen können, dass der Weg zu finanzieller Fülle lediglich ein emotionaler Weg ist, dann wirst du jedes Mal, wenn du diese Worte hörst, mehr Widerstand ausatmen – und deine Gefühle werden sich verbessern.

Es ist unser Wunsch, dass du diese tägliche 15-minütige Meditation als eine Zeit des Erfrischens und Entspannens betrachtest und nicht als eine Zeit des Studierens und Lernens.

Deine Atemwahrnehmung wird ein machtvoller Schlüssel dazu sein, deinen Widerstand abzubauen und deine Schwingung anzuheben. Und dann wirst du unsere Worte auf eine ganz neue und tiefgründige Weise vernehmen.

Es besteht ein großer Unterschied zwischen dem *Hören* und dem *Verstehen* einer Antwort. Es gibt viele Menschen außerhalb des Energiestrudels, die Worte hören, aber nur diejenigen, die sich im Energiestrudel befinden, verstehen wirklich.

Wir möchten, dass du weißt, dass der wahre Weg zur Fülle und finanziellen Freiheit, den du anstrebst, keine tatenreiche Reise ist, sondern vielmehr eine emotionale Reise.

Deine wahre Macht rührt von der Wirkung deiner Ausrichtung her, nicht von deinem Handeln. Und obwohl es sicher ist, dass damit viel Handeln verbunden ist, wird es ein Handeln sein, das sich für dich gut anfühlt, ein Handeln, das von deinem Ort der Ausrichtung in deinem Energiestrudel angeregt wird.

Der Weg zu finanzieller Fülle und finanzieller Freiheit sieht also folgendermaßen aus:

* *Finde jeden Tag 15 Minuten Zeit für diesen Prozess.*
* *Richte deine ungeteilte Aufmerksamkeit so gut du kannst auf deine Atmung.*
* *Genieße das Gefühl des Atmens. Genieße das Gefühl, deinen Atem mit der Musik in Einklang zu bringen.*
* *Spüre die Leichtigkeit deiner Atmung.*
* *Spüre die wohltuende Wirkung deiner Atmung.*
* *Genieße die körperliche Empfindung, Widerstand loszulassen und dein Eintreten in deinen Energiestrudel zuzulassen.*

6

Deine Arbeit hat nichts mit Handeln zu tun. Es sind keine Kurse zu absolvieren. Es sind keine Bedingungen zu erfüllen – es ist einfach eine angenehme und allmähliche Wiederentdeckung deines natürlichen Zustands der Entspannung, der Leichtigkeit und des Wohl-Seins

Diese Worte werden dir vorgebracht von unserem Ort des Wissens, dass deine wahre Macht nicht deinem physischen Handeln entspringt, sondern vielmehr deiner *Schwingungsausrichtung*. Deine wahre Macht und dein wahrer Einfluss rühren von der Ausrichtung auf deine Absichten und Wünsche her. Sie wird nicht verwirklicht, solange Schwingungswiderstand vorhanden ist.

Die allerwenigsten richten sich nach ihrer wahren Macht aus, weil es ihnen unlogisch erscheint, dass in der Entspannung, im Loslassen oder in der Liebe oder der Freude oder der Glückseligkeit Macht liegen könnte. Die meisten Menschen verstehen nicht, dass ihre wahre Macht im Loslassen von Widerstand liegt – der das einzige Hindernis für ihre wahre Macht darstellt.

Die meisten Menschen glauben nicht, dass ihr Weg zu großer Fülle mühelos und freudvoll ist. Man hat ihnen beigebracht, dass Kampf, Härte und Opfer die Bedingungen sind, die erfüllt werden müssen, bevor die Belohnung der großen Fülle empfangen werden kann. Die meisten verstehen nicht, dass gerade der Kampf, den sie bewusst führen, in ihrem Bestreben nach Erfolg und Gewinn in Wirklichkeit *gegen* sie arbeitet.

Es gibt so viele Dinge, die man dich gelehrt hat zu glauben, die im Widerspruch zu den machtvollen Gesetzen des Universums stehen, dass es schwierig für dich ist, dir einen Weg hinaus vorzustellen. Und aus diesem Grund präsentieren wir diesen Weg des geringeren Widerstands.

Wir möchten, dass du *atmest*, statt zu *versuchen*, dass du dich *entspannst*, statt dich *abzumühen*, dass du *lächelst*, statt zu *kämpfen*, dass du *bist*, statt zu *tun*.

Denn wir wissen, dass du, indem du deine Aufmerksamkeit auf die Musik richtest, auf deine Atmung und schließlich auf unsere Worte (während du die wahre Resonanz ihrer Bedeutung entdeckst), deine wahre Ausrichtung auf die Fülle, die du suchst und verdienst, zurückgewinnen wirst.

Deine wahre Macht kann nur aus dem Energiestrudel heraus erfahren werden.

7

Dir wird nie etwas vorenthalten, wenn ein anderer Gewinn macht, weil Fülle im Verhältnis dazu expandiert, um mit Wünschen übereinzustimmen. Wenn der Erfolg eines anderen dein Herz singen lässt, ist dein Widerstand verschwunden und dein eigener Erfolg schwingt sich empor.

Viele Menschen glauben, dass es nicht genug für alle gibt, weil sie den Mangel an etwas Gewünschtem erfahren. Aber der Mangel, den sie erfahren, rührt nicht davon her, dass es nicht genug für alle gibt; er rührt vielmehr davon her, dass sie sich Schwingungsmäßig von der grenzenlosen Fülle abgeschnitten haben.

Viele glauben, dass das Ausmaß der finanziellen Fülle begrenzt ist, und dies umso mehr, je mehr Menschen daran teilhaben wollen, und sie empfinden oft Eifersucht oder Schuld, wenn sie andere verurteilen, mehr zu nehmen, als ihnen zusteht. Sie fühlen sich auch schuldig, wenn sie glauben, dass *sie* mehr nehmen, als *ihnen* zusteht.

Wir möchten, dass du verstehst, dass die Fülle sich proportional vergrößert, um mit dem Wunsch übereinzustimmen, und dass es eine große noch nicht angezapfte Fülle gibt, die von den Menschen, die sie erschaffen haben, noch nicht in Betracht gezogen wird. Wenn deine Lebenserfahrung einen fokussierten Wunsch in dir auslöst, werden gleichzeitig die Mittel zur Erfüllung dieses Wunsches erschaffen – aber du musst auf der Schwingungsmäßigen Wellenlänge mit deinem Wunsch sein, um den Weg zu seiner Realisierung zu erkennen.

Der Glaube an *Knappheit* oder *Mangel* wird verhindern, dass du den Weg zu deiner Schöpfung entdeckst, und jegliches Gefühl von Widerstand weist darauf hin, dass du auf dem falschen Schwingungsweg bist. Aber angesichts deines Wissens um die niemals endende *Fülle* dieses Universums wirst du Freude verspüren, wann immer du bemerkst, dass andere in Harmonie mit ihr sind, denn ihr Erfolg schmälert keineswegs deinen Erfolg, sondern kann ihn nur verstärken.

Während du dich auf deine Atmung, die Musik und die Worte auf dieser CD konzentrierst, wirst du deinen gewohnheitsmäßigen Widerstand gegen Fülle deaktivieren, und du wirst das befriedigende Gefühl der positiven Erwartung und des Erfolges entdecken. Und dann muss sich dieser Erfolg bei dir manifestieren. So will es das Gesetz!

8

Der schnellste Weg zu einer besseren finanziellen Lage besteht darin, nach erfreulichen Dingen, die du bereits hast, zu suchen, denn durch das Suchen und Finden von dem, was funktioniert, wird sich mehr Erfolg einstellen – und er wird sich schnell einstellen.

Dein verbesserter emotionaler Zustand wird sich nicht nur auf die 15 Minuten beschränken, in denen du an der geführten Meditation teilnimmst, sondern auch darüber hinaus. Und weil du allmählich und kontinuierlich deinen Widerstand abbaust, wird deine Schwingungsfrequenz sich zu immer höheren Set-Points oder Mittelwerten bewegen.

Weil sich dein Schwingungsmäßiger Anziehungspunkt verbessert, dein Widerstand schwächer wird und du deine Schwingungsfrequenz anhebst, wirst du tageweise Zugang zu Gedanken haben, die sich immer besser anfühlen werden.

Nun, da du einen verbesserten Schwingungsmäßigen Set-Point erreicht hast, wirst du imstande sein, die Anzeichen für eine finanzielle Verbesserung in deiner täglichen Erfahrung zu erkennen, die vorher nicht offensichtlich war.

Wenn du die Entscheidung triffst, positive Aspekte in der Erfahrung zu suchen, die sich jetzt entfaltet, wirst du eine Erwartung erzeugen, die den Beweis für diesen Schwingungswandel augenblicklich manifestieren lässt. Mit anderen Worten, je mehr du nach positiven Aspekten in deinem gegenwärtigen Leben suchst, umso mehr positive Aspekte werden nach vorne treten, um sich dir zu offenbaren.

Während deiner 15-minütigen Meditation wirst du eine Möglichkeit finden, Fülle zu fühlen, ohne den Beweis für sie sehen zu müssen. Aber im Laufe der Zeit wirst du erkennen können, was du zuvor nicht hast sehen können. Und wenn noch etwas mehr Zeit verstreicht, wirst du der guten Dinge, die in deine Erfahrung kommen sollen, erwartungsvoll entgegensehen.

Der schnellste Weg, um mehr wunderbare Beispiele der Fülle in deine persönliche Erfahrung zu bringen, besteht darin, ständig Notiz von den wunderbaren Dingen, die bereits da sind, zu nehmen. Die Fülle, die du zulässt, stimmt immer völlig mit deiner Erwartung überein.

9

Obwohl dein Leben dich weiterhin zu mehr Fülle auffordert, ist der Großteil der Arbeit bereits erledigt. Und jetzt wird sich deine finanzielle Lage verbessern, mit viel weniger Anstrengung, als du geglaubt hast.

Ohne dir darüber im Klaren zu sein, hast du die Erfahrung deines Lebens sorgfältig untersucht und eine unbeschreibliche Fülle an Ressourcen in deinen Energiestrudel geschickt, wo sie darauf wartet, dass du in Harmonie mit ihr gelangst.

Diese Fülle wurde von dir definiert und weiterentwickelt und kann nicht von dir ferngehalten oder dir weggenommen werden. Sie verbleibt als deine Schöpfung und kann nur von dir geltend gemacht werden.

Deine Fülle, die in deinem Energiestrudel der Schöpfung aufbewahrt ist, wird sich weiterhin vergrößern, weil dein Leben weiterhin mehr Fülle durch dich fordert. *Wenn du jemals das Gefühl haben solltest, dass die Ressourcen, die du beiseitegelegt hast, zur Neige gehen, dann nicht aus dem Grund, weil du sie aufgebraucht hast, sondern einfach weil du das, was da ist, von dir fernhältst – denn die Ressourcen des Energiestrudels können sich nicht erschöpfen. Dies stellt der Prozess des Lebens sicher.*

Jedes Mal, wenn du die geführte Meditation über finanzielle Fülle hörst, wird dein Widerstand geringer und dein Zulassen stärker werden, bis du eines Tages die Worte, die auf dieser Seite stehen, lesen wirst, und du wirst ohne Zweifel den wahren Wert deines Seins verstehen.

Du wirst dich nicht gegen den Beweis für deinen Wert widersetzen, sondern ihn vielmehr voll und ganz anerkennen. Du wirst kein Unbehagen empfinden, während die Segnungen der Fülle und des Wohl-Seins sich über dich ergießen und auf deine Übereinstimmung mit dem würdigen Sein, das du bist, hinweisen.

Es ist nicht möglich, dass du in Schwingungsharmonie mit der Fülle deines Energiestrudels gelangst, ohne dass sich der Beweis für diese Fülle offenbart. Andere um dich herum werden mit Sicherheit den Beweis für deine Fülle sehen, aber du wirst wissen, dass das, was sie sehen, in Wirklichkeit der Beweis für deine Harmonie ist.

10

Finanzielle Fülle tritt nicht im Leben eines Menschen infolge von harter Arbeit oder Glück oder Bevorzugung ein – finanzielle Fülle ist lediglich die Antwort des Universums auf beständige Gedanken und Gefühle der Fülle.

Viele Menschen betrachten das Leben von der falschen Grundannahme aus, nämlich dass sie, wenn sie hart arbeiten, sich lange abmühen und einen genügend hohen Preis zahlen, dann mit finanziellem Wohlbefinden belohnt werden.

Und da ihnen nicht klar ist, dass sie sich selbst durch ihren Kampf die Übereinstimmung mit der Fülle, die sie anstreben, versagen, führen sie, wenn die Fülle sich nicht einstellt, dies auf *Glück* oder *Bevorzugung* zurück, die von ihnen weg und auf andere hin gelenkt wird. Aber es gibt weder Glück noch Bevorzugung. Entweder du lässt die Fülle, die du verdienst, zu oder du widersetzt sich ihr, entweder du erlaubst sie dir oder verweigerst sie, entweder du lässt sie hinein oder hältst sie von dir fern.

Wenn du Beweise für Knappheit siehst und dies einer Handlung oder einer Absicht oder einer Macht zuschreibst, die sich außerhalb von dir befindet, dann besteht deine einzige Maßnahme in dem Versuch, die Person, wer auch immer die Macht innehat, für dich zu gewinnen. Aber da diese Macht nicht von jemandem außerhalb von dir ausgeübt wird, wird diese Suche dort zu keinen positiven Ergebnissen führen.

Während du dich darin übst, Gedanken der positiven Erwartung zu hegen, während du dich mit Gedanken des Würdigseins und Wohl-Seins in Einklang bringst, während du dich auf deine wahre Macht ausrichtest, indem du nach Gedanken strebst, mit denen du dich besser fühlst – wirst du nicht länger Widerstand gegen deine eigene Fülle leisten.

Und wenn dein Widerstand aufhört, wird deine Fülle kommen. Ein Strom sich gut anfühlender Ideen und Möglichkeiten wird zu dir fließen. Interessante und anregende Gespräche werden dich umgeben. Leute mit Einfluss und Vermögen werden dich ausfindig machen. Du wirst mit Gelegenheiten and Angeboten überschüttet. Und schon bald wirst du in wissender Erheiterung dastehen, dass das Ganze schon immer in deiner Reichweite war, aber du es in deinem widerstrebenden Zustand der Anziehung nicht erfahren konntest … aber dann kam es … nicht weil du dich angestrengt hast, sondern weil du gelassen geblieben bist.

11

Wenn es dir gelingt,
das GEFÜHL der Fülle zu beherrschen,
bevor sich dir der BEWEIS gezeigt hat, muss
der Beweis kommen und er wird so lange kommen,
wie du das Gefühl der Fülle beibehältst.

Es ist ziemlich leicht, gute Gefühle zu haben, wenn sich etwas Gewünschtes manifestiert. Es ist leicht, sich zu freuen, wenn man nur erfreuliche Dinge erlebt. Aber wenn du nur fähig bist, auf das zu reagieren, was du wahrnimmst, würde der einzige Weg, um dich durchweg gut zu fühlen, in der Kontrolle deiner Umgebung bestehen, sodass sie nur das umfasst, was du als gut erachtest.

Du müsstest entweder das Verhalten aller anderen kontrollieren oder den Umfang deiner Erfahrung drastisch einschränken. Und das ist natürlich nicht möglich.

Wir möchten, dass du verstehst, dass, obgleich Gefühle sich als Reaktion auf deine *Wahrnehmung* einstellen, Gefühle sich auch als Reaktion auf deine

Gedanken einstellen, und du hast die Fähigkeit, weit über das hinaus zu denken, was du wahrnimmst. Es ist natürlich möglich, deine Gedanken allmählich auf immer angenehmere Themen hin zu trainieren (abgesehen von dem, was du wahrnimmst), bis deine Überzeugungen davon sich zu ändern beginnen. Aber es gibt einen schnelleren Weg, um die Schwingung zu verändern, um dich besser zu fühlen und um deinen Anziehungspunkt auf angenehmere Erfahrungen hin zu verlagern:

Unsere geführten Meditationen sind eine effektive Abkürzung, um deinen Anziehungspunkt zu verbessern. Denn während du erfolgreich deine Atmung mit dem Rhythmus der Musik auf der CD in Einklang bringst, wirst du von normalen Gedanken des Widerstands abgelenkt sein. Und weil deine Gedanken des Widerstands vorübergehend außer Kraft gesetzt sind, wird sich deine Schwingung erhöhen. Dank deiner erhöhten Schwingung wirst du in Einklang mit der Quelle in dir kommen. Aufgrund dieses Einklangs – wirst du dich besser fühlen. Aufgrund dieses Einklangs – wirst du dich in deinem Energiestrudel der Schöpfung befinden. Weil du dich in deinem Energiestrudel der Schöpfung befindest – wirst du im Einklang mit der Fülle sein. Weil du im Einklang mit der Fülle bist – muss sie sich manifestieren.

12

Immer wenn du dich gut fühlst, egal aus welchem Grund, beherrschst du das Gefühl der Fülle; und in der Abwesenheit deines Widerstands begibt sich alles, worum du gebeten hast, direkt zu dir.

Wenn du dich benachteiligt fühlst …

Wenn du dich ausgenutzt fühlst …

Wenn du dich schlecht behandelt fühlst …

Wenn du dich missverstanden fühlst …

Wenn du dich arm fühlst …

… wird sich dir der Beweis für deine Überzeugung zeigen.

Der Beweis für *deine Überzeugung*! Nicht der Beweis für deinen Wert oder der Beweis für dein Würdigsein. Das ist keine Bestrafung für deine Sünden oder die Versagung der Liebe Gottes. Es hat nichts mit Glück oder Bevorzugung, mit Ungerechtigkeit, Verwerflichkeit oder schlechtem Karma zu tun. *Was du lebst, den ganzen Tag lang, Tag für Tag, ist der offenkundige Beweis für deine Überzeugung!*

Eine Überzeugung ist nur ein Gedanke, den du fortwährend denkst. Eine Überzeugung ist eine Schwingung, die du oft genug geübt hast, sodass sie jetzt vorherrscht und daher leicht und schnell aufkommt. Eine Überzeugung ist ein Schwingungsmäßiger Anziehungspunkt, der dir den Beweis für sich selbst liefert.

Wenn du dich glücklich fühlst …
Wenn du dich belebt fühlst …
Wenn du dich zufrieden fühlst …
Wenn du dich leidenschaftlich fühlst …
Wenn du dich aufgeregt fühlst …
Wenn du dich verstanden fühlst …
Wenn du dich gesegnet fühlst …
Wenn du dich geehrt fühlst …
Wenn du dich reich fühlst …
… wird der Beweis für deine Überzeugung sich dir zeigen.

Unsere tägliche geführte Meditation wird dir helfen, Widerstand abzubauen. Das Abbauen von Widerstand wird dir Zugang zu Gedanken verschaffen, die sich besser anfühlen, und je mehr Zugang du zu solchen Gedanken hast, umso mehr werden sie vorherrschen. Die tägliche Meditation wird dir helfen, deine Überzeugungen zu verändern – und deine neuen Überzeugungen werden neue Beweise in Form von Manifestationen der Fülle liefern.

13

Jedes Mal wenn du dich auf diese Worte fokussierst,
wird dein Widerstand geringer und du wirst mehr zulassen.
Und so wird sich mit jedem Tag, der verstreicht,
dein Schwingungsmäßiger Anziehungspunkt verändern,
bis es zu einem Tipping-Point, einem Umkipp-Punkt, kommt.

Die Wohltaten dieser Meditation werden über die 15 Minuten hinausgehen, die du jeden Tag dafür aufwendest. Mit Sicherheit wirst du während der Meditation eine Zunahme an Übereinstimmung und dem seelischen und körperlichen Nutzen spüren. Aber die Vorteile, die du daraus ziehst, dass du deinen Widerstand abbaust, werden dich in allen Aspekten deines Tagesablaufs begleiten. *Jede Beziehung wird transformiert sein, und jede Aktivität wird sich auf allen deinen Seinsebenen positiv auswirken … und jede Interaktion mit jedem Aspekt deines Lebens wird sich besser anfühlen. Je besser du dich fühlst – umso besser wird es.*

Diese tägliche Meditation wird dir dabei helfen, seit Langem bestehenden Widerstand effektiv aufzulösen, und mit jedem Tag wird dir der Nutzen, den du daraus ziehst, offenkundiger. Mit jedem Tag werden die Frequenz deiner Wünsche und die deiner Überzeugungen in einen näheren Schwingungsbereich gelangen.

Und dann, eines Tages, nicht lange nachdem du mit dieser täglichen Meditation angefangen hast, wird die Schwingung deiner früheren widerstrebenden Überzeugungen der Macht deines Wunsches weichen. Schon lange pulsiert dieser Wunsch kraftvoll in dir, aber dein gut trainierter Widerstand hat ihn gedämpft oder zurückgehalten.

Dadurch, dass du nach und nach Widerstand abbaust, wirst du einen Tipping-Point wahrnehmen – eine Art befreiendes Gefühl, das Gefühl, ins Licht hinauszutreten – und dann wird deine manifestierte Welt niemals mehr so sein, wie es einmal war … Alle möglichen physischen, fühlbaren, visuellen, hörbaren, greifbaren Erfahrungen werden anfangen sich zu manifestieren; und es wird für jeden, der das sieht, offenkundig sein, dass sich etwas für dich verändert hat. Anderen wird es so vorkommen, als wäre das Glück mit dir, aber du wirst wissen, dass nicht das Glück mit dir ist, sondern dass sich deine Schwingungsbeziehung zu deinen Wünschen geändert hat.

14

Eine Zeit lang wird der einzige Beweis für deinen finanziellen Fortschritt dein verbesserter emotionaler Seinszustand sein, und wenn du es dabei belässt – und den finanziellem Fortschritt nicht bewertest –, wird es zur finanziellen Verbesserung kommen.

Vor dem Schwingungsmäßigen Tipping-Point, der von offenkundigen, greifbaren physischen Verbesserungen begleitet wird, werden andere Schwingungsfortschritte erzielt. Und diese Schwingungsfortschritte können durch deinen verbesserten emotionalen Zustand wahrgenommen werden, auch wenn ein greifbarer Beweis noch nicht erkennbar ist.

Wenn du bereit bist, deinen verbesserten emotionalen Zustand als den Beweis für deine Fortschritte gelten zu lassen, werden die Fortschritte sich fortsetzen; und der Tipping-Point wird dort eintreten, wo physische Beweise gesehen werden können.

Aber wenn du zu früh nach Beweisen suchst und sie noch nicht finden kannst, wirst du an Schwingungsboden verlieren.

Das Bedürfnis, den sofortigen Beweis für Fortschritte zu sehen, ist für die meisten Menschen das größte Hindernis. Wenn du versuchst, deine Fortschritte zu schnell zu bewerten, entfernst du dich immer mehr von deinen angestrebten Resultaten.

Es gibt keinen Wunsch, den du hegst, der aus irgendeinem anderen Grund existiert als dem, dass du glaubst, dich besser zu fühlen, wenn er in Erfüllung geht. Sei es ein materieller Gegenstand, ein Haufen Geld, eine Beziehung, ein physischer Seinszustand – jeder Wunsch wird gehegt, weil du dich besser fühlen willst.

Wenn du die Macht des größeren Wohlgefühls entdeckst, indem du deinen Geist bewusst weg von Problemen, Kämpfen, Reizen und allen anderen möglichen unerwünschten Dingen fokussierst – und ihn auf eine einfache Sache, nämlich deine Atmung, ausrichtest –, wirst du den Schlüssel zur Macht des Zulassens gefunden haben.

Der Beweis für alles, was du dir wünschst, ist auf dem Weg zu dir, und das Einzige, was es zurückhält, ist eine durchgängige Schwingung von dir, die es nicht zulässt. Wenn du die einfache Kunst, nicht mehr diesen unnötigen und unguten Widerstand zu leisten, entdeckst, wirst du alles, um was du gebeten hast, hineinlassen.

15

*Wir sind so erfreut, diese Gelegenheit zu haben,
dir unsere Wertschätzung für alles, was du bist,
zum Ausdruck zu bringen. Wir möchten, dass du weißt,
dass es unser uneingeschränktes Versprechen dir
gegenüber ist, dass die Fülle, die du suchst, sich einfindet.*

Seit Langem genießen wir es, das sich expandierende Universum und die wichtige Rolle, die du bei dieser Expansion spielst, mitzuerleben, während dein Leben dich dazu veranlasst, ständig Wünsche zu starten. Aber wir sind besonders erfreut, da wir deine bewusste Realisierung deiner wahren schöpferischen Macht voraussehen.

Es gibt nichts Herrlicheres als das *bewusste* Gewahrsein eines persönlichen Wunsches, *bewusstes* Erkennen von Widerstand, der die Manifestation verhindert oder verlangsamt, *bewusstes* Abbauen dieses Widerstands und schließlich *bewusstes* Erkennen der Manifestation. Das ist Beabsichtigte (Bewusste) Schöpfung vom Feinsten! *Die Lebenserfahrung hört niemals auf, denn du bist ein Ewiges Wesen mit unendlichen Gelegenheiten für freudvolle Expansion.*

Mit jedem neuen Wunsch, der gestartet und dessen Manifestation zugelassen wird – wirst du noch eine andere Plattform entdecken, von der aus du noch mehr Wünsche starten kannst. Bei diesem Schöpfungsprozess geht es nicht darum, die Schöpfung abzuschließen und mit den benötigten Manifestationen ein Ende zu erreichen. Es geht um den freudvollen Prozess der *Expansion*. Und genau in dem Augenblick, in dem deine Absicht sich in die Entscheidung, »sich gut zu fühlen«, verwandelt statt in die Entscheidung, »irgendetwas zu manifestieren«, wirst du nicht nur eine rundum glückliche Person werden, sondern auch alle gewünschten Dinge werden mühelos zu dir fließen.

Einigen erscheint es – am Anfang – paradox, obwohl es überhaupt nicht paradox ist: »Ich will diese Dinge, weil ich mich besser fühlen würde, wenn ich sie hätte, aber mein Wissen um ihr Fehlen hindert mich daran, sie zu bekommen. Aber wenn ich einen Weg finden kann, um mich besser zu fühlen, selbst wenn ich sie nicht habe, dann können sie bald mein sein.«

Eine machtvolle Universelle Wahrheit ist einfach die folgende: Du kannst die Anwesenheit von etwas Gewünschtem nicht anziehen, wenn du dir überwiegend der Abwesenheit dessen bewusst bist.

16

Du machst deine Sache außerordentlich gut.
Fülle fließt zu dir. Entspanne dich, genieße, was sich entfaltet,
und empfinde Wertschätzung für DAS-WAS-IST
und Leidenschaft nach dem, was kommt …
Hier herrrscht große Liebe für dich.

Und, wie immer, bleiben wir – im Energiestrudel.

Wir wertschätzen dein Gewahrsein, dass du ein Schwingungswesen bist.

Wir wertschätzen dein Gewahrsein der Bedeutung deiner Emotionen.

Wir wertschätzen deine Bereitschaft, dich täglich auf deine Atmung zu fokussieren.

Wir wertschätzen die Schwingungsveränderungen, die bereits in dir vorgehen.

Wir wertschätzen dein kontinuierliches Loslassen von Widerstand.

Wir wertschätzen das ständige Öffnen neuer Türen, was deine weitere Entdeckung dessen, *wer-du-bist*, erlaubt.

Wir sind an dem ständigen Wohlgefühl interessiert, das dir bevorsteht.

Wir sind an deinen neuen Wünschen interessiert, die noch gestartet werden müssen.

Wir sind gespannt auf deine zwangsläufige Begegnung mit Ideen und Erfahrungen, die sich gut anfühlen.

Wir sind gespannt auf deine Verwirklichung der Details deiner manifestierten Welt.

Wir sind gespannt auf deine Verwirklichung der unbegrenzten Fülle, die dich umgibt.

Wir sind gespannt auf deine Verwirklichung deiner Wünsche.

Wir sind darauf gespannt, zu beobachten, wie die Einzelheiten deiner Beabsichtigten Schöpfung sich ihren Weg in deine Erfahrung bahnen.

Wir sind gespannt auf dein Gefühl der Zufriedenheit, das gewiss eintreten wird.

Wir sind auf den Tipping-Point gespannt, der sich mit Sicherheit einstellen wird und der es dir ermöglichen wird, dich selbst so zu sehen, wie du unseres Wissens nach bist: jede Art von Fülle verdienend, aller guten Dinge würdig, zufrieden mit dem, was-ist – und begierig nach mehr.

Hier herrscht große Liebe für dich!

Meditation

Körperliches Wohlbefinden

1

Es ist schön, eine Gelegenheit zu haben, mit dir über die Einstimmung auf deinen natürlichen Rhythmus des Wohl-Seins zu plaudern. Dein intelligenter Körper besteht aus Billionen von Zellen, und sie suchen und finden jederzeit Harmonie und Gleichgewicht.

Zwar bewirkt ein Körper, mit dem man sich wohlfühlt, offensichtlich eine angenehmere physische Erfahrung, aber du solltest verstehen, dass das Fokussieren auf angenehme Dinge ebenfalls dazu beiträgt, sich in seinem Körper wohlzufühlen.

Doch die meisten betrachten ihr physisches Wohl-Sein auf umgekehrte Weise. Die meisten Menschen mit einem körperlichen Leiden lassen ihren körperlichen Zustand ihre Haltung diktieren. Mit anderen Worten, ihre Emotionen reagieren auf ihren körperlichen Zustand. Wenn sie Schmerzen haben, äußern sie Emotionen wie Frustration, Sorge, Ärger oder Angst. Sie wollen, dass sich ihre körperliche Verfassung verbessert, damit sich ihr Gefühlszustand auch verbessern kann.

Jede Krankheit oder jede Abweichung von körperlichem Wohl-Sein beginnt auf zellularer Ebene – aber deine Zellen neigen auf überwältigende Weise zum Gedeihen. Tagaus, tagein gewinnen deine Zellen auf derart verfeinerten und subtilen Ebenen die Balance wieder, dass die meisten Menschen den Einfluss und die Intelligenz ihrer Zellkörper überhaupt nicht wahrnehmen.

Dieser ständige Prozess des Neuordnens und Neuausgleichens hängt von der zellularen Kommunikation ab: der Kommunikation von einer Zelle zu einer anderen und von der Schwingungskommunikation zwischen den physischen und Nicht-Physischen Aspekten dieser Zellen. Wenn du negative Emotionen verspürst, behinderst du diese zellulare Kommunikation.

Während dein physischer Körper äußerst widerstandsfähig ist – und sich dazu entwickelt hat, selbst bei beeinträchtigter Kommunikation ein signifikantes Gleichgewicht zu wahren –, zeigen sich chronische Sorgen, Ärger oder Kontra-Sein in Form von eingeschränktem körperlichem Wohl-Sein.

Deine Aufmerksamkeit auf Gegenstände zu richten, die ein Wohlgefühl vermitteln, ist der effektivste Weg zu einer optimalen Umgebung, die eine ungehinderte zellulare Kommunikation und das höchstmögliche Gedeihen deines physischen Körpers ermöglicht.

2

Es gibt keinen größeren Nutzen, den du deinem Körper bieten kannst, als dieses behutsame Auflösen von Widerstand in diesem Moment, denn absolutes Wohl-Sein ist dein natürlicher Zustand, und fehlt der Widerstand, muss dein physischer Körper einfach gedeihen.

Erleichterung fühlt sich immer gut an, und es gibt viele handlungsabhängige Dinge, die dir ein Gefühl der Erleichterung verschaffen können: Wenn du Durst hast, verspürt dein Körper Erleichterung, sobald du getrunken hast. Wenn du Hunger hast, ist es eine Erleichterung, etwas zu essen. Wenn du müde bist, ist es eine Erleichterung, zu schlafen. Aber wenn du wartest, bis dein Körper völlig ausgetrocknet ist, bevor du etwas trinkst, oder bis er ausgezehrt ist, bevor du etwas isst, kann er ganz schön das Gleichgewicht verlieren. *Auch wenn es möglich ist, deinen Körper schließlich wieder in einen Zustand des Wohl-Seins zurückzuführen – so ist es doch viel leichter, ein gesundes physisches Gleichgewicht aufrechtzuerhalten, als es zurückzugewinnen, nachdem man es verloren hat*.

Die meisten Menschen setzen sich nie der dramatischen Situation aus, so lange ohne Wasser oder Nahrung zu sein, bis sie ihrem physischen Körper Schaden zufügen, aber es ist nicht ungewöhnlich, dass Menschen ihrem Körper etwas gleichermaßen Wichtiges vorenthalten: die Ausrichtung auf die Quellen-Energie.

Oft entwickeln Menschen Gedankenmuster, die sie unentwegt in einem negativen Gefühlszustand halten. Und auch wenn sie sich an die Gefühle des Kontra-Seins, des Ärgers, der Furcht, der Schuld und dergleichen gewöhnen, weisen diese chronischen negativen Emotionen auf ausgeprägte Widerstandsmuster hin, die dem natürlichen Wohl-Sein im Weg sind.

So, wie es eine gute Idee ist, zu trinken, wenn du durstig bist – und somit dein Wohl-Sein aufrechtzuerhalten, bevor dein Körper austrocknet –, ist es gleichermaßen wichtig, bei den ersten Anzeichen einer negativen Emotion den Gedanken zu verändern und Widerstand abzubauen. Denn obgleich du dich bestimmt lange Zeit einer negativen Emotion widersetzen kannst, ist dies nicht die optimale Erfahrung für die Zellen deines physischen Körpers.

Wenn du lernst, Widerstand in den frühen, kaum merklichen Phasen abzubauen, muss dein physischer Körper einfach gedeihen. Gedeihen ist dein natürlicher Zustand.

❧ 3 ❧

Indem du dich auf Gedanken konzentrierst, die sich gut anfühlen, erlaubst du deinen physischen Zellen, zu ihrem natürlichen Gleichgewicht zurückzukehren. Tiefes Atmen ist der Schlüssel, unseren Worten zu lauschen und die Übereinstimmung mit der Energie deiner Quelle zuzulassen …

Positive Emotionen weisen dich darauf hin, dass du das Thema deines Gedankens auf die gleiche Weise angehst wie die Quelle in dir. Mit anderen Worten, das Gefühl der Liebe, das du für jemanden empfindest, entspricht der Art, wie die Quelle für ihn empfindet.

Negative Emotionen geben dir zu verstehen, dass du das Thema deines Gedankens anders angehst als die Quelle in dir. So entspricht beispielsweise das Gefühl von Hass oder Ärger, das du für jemanden hegst, nicht der Art, wie die Quelle für ihn empfindet.

Je besser du dich emotional fühlst, umso mehr lässt du die Ausrichtung auf die Quelle zu. Je schlechter du dich fühlst, umso stärker widersetzt du dich der Quelle. Wenn du keinen Widerstand leistest, stellt sich dein natürlicher Zustand der Harmonie wieder ein – und damit auch die Harmonie zwischen deinen Zellen und ihrer Quelle.

Während du der Musik lauschst und dich mit der Absicht, deine Atmung mit dem Rhythmus der Musik in Einklang zu bringen, behutsam fokussierst, wirst du jeglichen Widerstand abbauen, und wenn die widerstrebende Schwingung fehlt, wird sich deine Schwingung ganz natürlich erhöhen.

In den ersten Tagen oder Wochen deiner täglichen Meditation mit dieser CD wird es zu einer zellularen Erleichterung hauptsächlich in den 15 Minuten kommen, in denen du zuhörst und dich entspannst und atmest. Aber schließlich – weil du dich täglich auf deine Atmung fokussierst und Widerstand abbaust – wird das *Gesetz der Anziehung* dich mit Gedanken in Einklang bringen, die sich immer besser anfühlen.

Je stärker du deine Aufmerksamkeit auf Gedanken richtest, die sich gut anfühlen, umso mehr erlaubst du den Zellen deines Körpers zu gedeihen. Du wirst feststellen, dass sich Klarheit, Beweglichkeit, Ausdauer und Vitalität merklich bessern werden, denn du atmest dich buchstäblich ins Wohl-Sein, bis bleibende Gefühle der Wertschätzung, Liebe, Leidenschaft und Freude bestätigen, dass du jeglichen Widerstand abgebaut hast und jetzt Wohl-Sein zulässt.

4

Die Zellen deines Körpers werden von der Quelle geführt; und sie vermögen jederzeit ihr Gleichgewicht zu finden. Und daher wirst du nicht nur von unerwünschten Krankheiten genesen, sondern dem wird sich auch ein dauerhafter Zustand des Wohl-Seins anschließen.

Dein hoch entwickelter physischer Körper besteht aufgrund der Intelligenz deiner Zellen. Und die Intelligenz deiner Zellen besteht aufgrund ihrer Verbindung zur Quellen-Energie.

Ärzte wissen natürlich, wenn dein physischer Körper keine Quellen-Energie mehr empfängt, und erklären dich dann für »TOT«. Aber es gibt viel, viel mehr, was sie noch verstehen müssen im Hinblick auf die Verbindung zwischen deinem zellularen physischen Körper und der Schwingungsmäßigen Quellen-Energie.

Versuchen Ärzte und Wissenschaftler Behandlungen gegen Krankheiten zu finden, ohne die Schwingungsbeziehung zwischen dem physischen Sein und der Quellen-Energie zu berücksichtigen, suchen sie an den falschen

Orten nach Heilung. Um es gleich zu sagen, wenn der Widerstand, der das Wohl-Sein nicht zuließ, nicht abgebaut wird, wird er in Form einer anderen und noch einer anderen Krankheit erscheinen. *Krankheit bedeutet, Gesundheit nicht zuzulassen, Unwohl-Sein ist die Abweisung von Wohl-Sein, und ihm geht immer ein Unbehagen in Form von chronischen negativen Emotionen voraus.*

Deine Zellen wissen aufgrund ihrer Verbindung mit der Intelligenz der Quellen-Energie genau, was sie tun müssen, um zu der unglaublichen Vielfalt von funktionierenden Zellen in deinem herrlichen physischen Körper zu werden. Und wenn das Hindernis fehlt, das durch deine negativen Gedanken des Widerstands hervorgerufen wird, bleibt diese Kommunikation offen für einen klaren, augenblicklichen Austausch, sodass dein physischer Körper weiterhin zu perfekten und höchsten Leistungen imstande ist.

Wenn negative Emotionen fehlen – und folglich die völlige Übereinstimmung und Kommunikation mit der Quellen-Energie zugelassen wird –, kann dein physischer Körper sein Gleichgewicht zurückfinden und von jeglicher Störung genesen. Und sobald das Gleichgewicht wiederhergestellt ist, ist es leicht, bei Gedanken zu bleiben, die sich durchweg gut anfühlen.

5

Während du zuhörst und atmest – und loslässt und dich entspannst –, wird es dir leichtfallen, einen Körper zu erhalten, der sich gut anfühlt. Selbst seit Längerem bestehende unerwünschte Zustände werden allmählich schwächer werden, bis sie schließlich ganz verschwinden.

Durch diesen täglichen Prozess des Fokussierens auf deine Atmung wirst du deinen Widerstand nach und nach quasi wegatmen und damit eine allmähliche Veränderung in deinem Schwingungsmäßigen Anziehungspunkt herbeiführen. Und dann wirst du anfangen, eine starke Resonanz mit unseren Worten zu spüren. Wenn das geschieht, wird die Schwingung deines physischen Körpers und die der Quelle in dir auf derselben Schwingungsfrequenz sein; und wenn das geschieht, wird dein physischer Körper davon profitieren. *Ungewollte Zustände werden einer nach dem anderen verschwinden. Ohne viel Trara und ohne das Remmidemmi einer dramatischen Heilung wird dein physischer Körper allmählich zu seinem natürlichen Zustand des Wohl-Seins zurückfinden.*

So, wie umfassende Kenntnisse der Elektrizität unnötig sind, um einen Schalter zu betätigen und Nutzen daraus zu ziehen, musst du nicht die komplexen inneren Funktionsweisen deines physischen Körpers verstehen. Du musst lediglich den einfachen Prozess verstehen, durch den du zulässt, dass deine intelligenten Zellen ihre Arbeit verrichten.

Wir sagen dir gern, dass, wenn du nicht länger tun würdest, was du tust – was Widerstand erzeugt –, sich deine Schwingung erhöhen würde. Aber hier hast du die größeren Zusammenhänge: Während du dich auf deine Atmung fokussierst (und die geführte Meditation erfordert wirklich ein Fokussieren, um in den Rhythmus zu kommen), kannst du nicht gleichzeitig auf Widerstand erzeugende Gedanken fokussiert sein. Sowie du diese Widerstand erzeugenden Gedanken loslässt, erhöht sich deine Schwingung. Sowie sich deine Schwingung erhöht, beginnst du, die Worte, die wir sprechen, zu hören und zu verstehen.

Wenn du die Resonanz mit der Schwingung der Quelle in dir findest und praktizierst, wird die Kommunikation zwischen den Zellen deines Körpers gedeihen, ebenso wie dein ganzer physischer Körper. Und dies alles beginnt mit der simplen Fokussierung auf deine Atmung, um absolutes physisches Wohl-Sein »einzuschalten«.

6

Indem du jeden Tag etwas mehr Widerstand abbaust, wirst du die Macht, die Welten erschafft, durch dich fließen spüren … einfach indem du atmest und zuhörst, nicht um etwas geschehen zu machen, sondern um der Freude und der Wohltat der Übereinstimmung willen.

Das Loslassen von Widerstand wird eine allmähliche, fortschreitende Erfahrung sein, und mit jedem Tag wird die sich bessernde Schwingung auf den Vortag aufbauen.

Weil dies allmählich geschieht, wird dir zunächst kein spürbarer Unterschied in deinem Anziehungspunkt und deinen Erfahrungen auffallen; aber schon bald wird es zu einem Tipping-Point kommen, und dann wirst du wesentliche Veränderungen in deiner Lebenserfahrung wahrnehmen.

Du wirst nicht nur eine Verbesserung deines Gefühlslebens feststellen, die mit einer beträchtlichen Hebung deiner täglichen Stimmung einhergeht, sondern auch die Beziehungen in deinem Leben im Allgemeinen werden dir zeigen, dass sich dein Anziehungspunkt verändert hat. Jede Interaktion mit Freunden, der Familie und Fremden wird deine Schwingungsveränderung und dein Loslassen von Widerstand widerspiegeln.

Diese wunderbare Verbesserung der Weise, wie sich dein Leben anfühlt und funktioniert, wird eintreten, weil du nicht versuchst, irgendetwas zu arrangieren. Tatsächlich tust du das Gegenteil – du versuchst nicht, du lässt zu. Aufgrund deiner reinen und einfachen Absicht, dich auf deine Atmung zu fokussieren, mit der Musik zu harmonieren, unseren Worten zu lauschen – alles um der Freude und der Wohltat des Augenblicks der Übereinstimmung willen –, wird dein Widerstand abnehmen und sich deine Schwingung erhöhen.

Ohne dass du dir Ziele setzt, ohne dass du Listen von zu erledigenden Dingen abhakst, wird das Universum dir zeigen, dass du es zur Meisterschaft darin bringst, zuzulassen, dass die Dinge, um die du gebeten hast, mühelos zu dir fließen.

Jeder einzelne Tag dieses Prozesses wird dir eine höhere Schwingungsbilanz bringen, was bedeutet, dass sich mit jedem Tag dein Anziehungspunkt verbessern wird. Tag für Tag wirst du dich wesentlich besser fühlen, und du wirst spürbare Verbesserungen in der Qualität deiner Anziehung auf alle Gegenstände feststellen.

7

Dein physischer Körper wird sehr schnell auf den fehlenden Widerstand reagieren, was du beim Atmen spürst, denn kein physischer Körper, wie auch die Umstände sein mögen, kann nicht zu seinem natürlichen Zustand des Wohl-Seins zurückkehren.

Deine konzentrierte Aufmerksamkeit auf deine Atmung ist in zweierlei Hinsicht wohltuend:

1. Deine Aufmerksamkeit auf deine Atmung wird dich von ungewünschten Gedanken ablenken und dich dadurch veranlassen, Widerstand abzubauen. Und wenn der Widerstand fehlt, kommunizieren deine Zellen auf optimale Weise.

2. Weil du in der Zeit des Nichtwiderstands tiefer atmest als normalerweise, wird sich die Oxygenation deiner Zellen spürbar verbessern. Und damit wird sich dein Körper lebendiger anfühlen, weil er auf zellularer Ebene lebendiger *ist*.

Unser täglicher Prozess bietet dir die Möglichkeit, die bestmögliche Umgebung zu schaffen, in der die intelligenten Zellen deines Körpers ihre Funktion, deinen Körper in ein optimales Gleichgewicht zu bringen, erfüllen können. Heutzutage werden in deiner Welt unzählige Hilfsmaßnahmen, Medikamente, chirurgische Eingriffe und Übungen angeboten – aber es gibt nicht genug Maßnahmen in der Welt, um Schwingungswiderstand zu kompensieren.

Diese tägliche Meditation wird eine Grundlage oder einen Grundstock für physische Besserung zur Verfügung stellen, und sie wird außerdem jegliche anderen Behandlungen und Heilmittel verstärken, die du vielleicht bereits einsetzt.

Da jede Krankheit oder jeder unerwünschte Zustand existiert, weil Wohl-Sein verweigert wird, wird folglich das Wohl-Sein zurückkehren, sobald diese Verweigerung nicht mehr vorhanden ist.

Normalerweise fangen Leute an, sich in Richtung Genesung zu bewegen, nur um dann allzu früh innezuhalten und eine Bewertung vorzunehmen. Und wenn sie immer noch unerwünschte Symptome oder Zustände feststellen, hegen sie Gedanken des Widerstands und verlieren an Boden, den sie bereits gewonnen haben. Indem du kontinuierlich Widerstand abbaust, werden alle unerwünschten Zustände abklingen, sodass du zu deinem natürlichen Zustand des Wohl-Seins zurückkehren wirst.

8

Die Worte, die du hörst, handeln nicht von deinem Körper – sondern von deinem Zulassen und deiner Ausrichtung auf die Quelle. Dein Körper spiegelt das Gleichgewicht deiner Gedanken wider, und der Abbau von Widerstand wird eine positive Veränderung herbeiführen.

Indem du dich auf die Schwingungsbeziehung mit der Energie deiner Quelle fokussierst, wirst du von jeglichen unerwünschten Zuständen deines physischen Körpers abgelenkt. Und während du deine Aufmerksamkeit von diesen unerwünschten Zuständen abziehst, werden sie aufhören zu existieren.

Widerstrebende Gedanken im Hinblick auf x-beliebig viele Dinge führen zu einem Abschneiden vom Wohl-Sein, was den unerwünschten Zustand erscheinen lässt. Und dieser unerwünschte Zustand wird dann durch die Aufmerksamkeit, die ihm zuteil wird, fortgeschrieben.

Es ist notwendig, dem unerwünschten Zustand die Aufmerksamkeit zu entziehen, um ihn aus deiner Erfahrung zu nehmen, aber es ist auch notwendig, um den

Gedanken des Widerstands zu unterbrechen, der das Wohl-Sein abgetrennt hat. Unser Meditationsprozess hilft dabei, beides zu bewerkstelligen, und legt das Fundament für eine neue und verbesserte Lebensanschauung…

Dir wird es leichter fallen, immer bessere Dinge zum Nachdenken zu finden. Es wird leichter sein, die positiven Aspekte in Situationen und Menschen zu sehen. Du wirst feststellen, dass Komplimente von dir fließen, und Wertschätzung für mehr Dinge empfinden.

Je weniger widerstrebende Gedanken du hegst, umso besser wirst du dich fühlen; und je besser du dich fühlst, umso weniger widerstrebende Gedanken wirst du hegen. Und wegen all dieser Dinge wird sich dein Anziehungspunkt verbessern und zu einer verbesserten Manifestation von Beziehungen und Finanzen sowie körperlichen Zuständen führen.

Dein physischer Zustand spiegelt wahrhaftig deine Gedanken wider, aber nicht nur deine Gedanken über deinen physischen Körper. Und daher ist es für die Erhaltung eines gesunden physischen Körpers wichtig, das Schwingungsfundament zu verstehen, auf dem dein physischer Körper ruht. Physische Maßnahmen allein reichen nicht aus. Dein Körper spiegelt das Gleichgewicht deiner Gedanken wider.

9

Angefangen mit den Zellen deines physischen Körpers, wird die körperliche Besserung dich auf allen Ebenen erfassen. Du bist ein Schwingungswesen mit Nicht-Physischen Wurzeln, und dein Körper ist eine Erweiterung dieser Nicht-Physischen Quelle.

Dir steht ein machtvoller Einfluss zur Verfügung. Doch die meisten Menschen wissen nichts davon. Aber die tägliche Teilnahme an unserer geführten Meditation wird ihn dir zugänglich machen, ob du das bewusst wahrnimmst oder nicht. Und dann, aufgrund deiner persönlichen Erfahrung, verstärkt und bestätigt durch die Worte, die du hier liest, wirst du dir dieses Einflusses voll und ganz bewusst sein.

Wenn du verstehst, dass du zuallererst ein Schwingungswesen bist – und dass es deine vorherrschende Absicht sein wird, deine Schwingungsfrequenz mit der der Quelle in dir in Einklang zu bringen –, wirst du die perfekte Basis für die Zellen in deinem physischen Körper schaffen, um zu gedeihen. Aber wenn du dich deinem physischen Körper von dem gewöhnlichen physischen Standpunkt aus näherst, wenn du Symptome bemerkst und deinen physischen Zustand analysierst, wirst du Schwingungswiderstand ausstrahlen, der dein Wohl-Sein beeinträchtigt.

Mit anderen Worten, deine Schwingungsreaktion auf deinen gegenwärtigen Zustand macht es schwierig, jeglichen unerwünschten körperlichen Zustand zu überwinden.

Wenn du jeden Tag 15 Minuten Zeit finden kannst, um zu entspannen und dich auf die Frequenz deiner Quelle einzustimmen, werden jeglicher Widerstand und jegliches Hindernis verschwinden, sodass den Zellen deines Körpers die Gelegenheit gegeben wird, zu ihrem natürlichen Zustand des Wohl-Seins zurückzukehren. Und dein verbesserter Schwingungszustand wird dann anfangen, sich auf größere Abschnitte deines Tages zu erstrecken.

Der einfache Prozess des Atmens und Loslassens von Widerstand ermöglicht deine Schwingungsausrichtung auf die Quelle, was mit einer klaren Veränderung in der Schwingung deiner Zellen und einer Erneuerung des zellularen Wohl-Seins einhergeht.

Der Zustand deiner Zellen bildet den Kern deines physischen Zustands. Ein Schwingungsmuster bildet den Kern des physischen Zustands deiner Zellen. Der Einklang mit dem Wohl-Sein der Quelle in dir bildet den Kern dieses Schwingungsmusters.

10

Wir geben diese Worte kund, sodass du dich – während du zuhörst und atmest – auf deine Frequenz des natürlichen Wohl-Seins einstimmen kannst. Wenn du dir die Zeit nimmst, um das Schwingungsgleichgewicht zu finden, wird dein physisches Wohl-Sein leicht zu erhalten sein.

Die meisten Menschen, die etwas Ungewünschtes erleben, geben sich große Mühe, ihre Lage zu verbessern. Dabei ist ihnen nicht klar, dass ihr vorherrschendes Gewahrsein des ungewünschten Zustands oder der ungewünschten Lage sie daran hindert, die gewünschte Verbesserung zu finden. Es ist leicht zu verstehen, warum so viele Menschen sich wegen so vieler Dinge so entmutigt fühlen. Sie können von dort einfach nicht ihr Ziel erreichen.

Unser täglicher Meditationsprozess wird dir helfen, erst einmal eine andere Art von Ziel zu erreichen – das Ziel der emotionalen Entspannung und der Schwingungsverbesserung. Aber obwohl dies etwas ist, was du leicht erreichen kannst (sogar in deinen ersten Tagen der Meditation), solltest du diesen Einfluss nicht unterschätzen.

Aufgrund der Schwingungsbalance, die du feststellen wirst, wird vieles, womit du dich abgemüht hast, um es zu erreichen oder zu erhalten, sich für dich mit Leichtigkeit fügen. Es wird sich für dich anfühlen, als ob sich eine unangenehme Nervosität gelegt hätte, und jeder und alles um dich herum wird anfangen, dir bei deinen Absichten behilflich zu sein. Und binnen kurzer Zeit wird sich dein Gewahrsein deiner gegenwärtigen Umstände, das gegen dich gearbeitet hat, für dich arbeiten, denn du wirst gewünschte Zustände wahrnehmen, die immer mehr gewünschte Zustände fortschreiben werden.

Viele Menschen werden verblüfft sein über die Leichtigkeit, mit der sie imstande sind, einen physischen Körper zu erhalten, der gesund ist und sich gut anfühlt, sobald sie ihre Schwingungsbalance gefunden haben. Und es ist wichtig zu verstehen, dass du niemals sehr weit davon entfernt bist, es tun zu können. Was deinem natürlichen Wohl-Sein zugrunde liegt, ist lediglich eine Sache des Verstehens, und dann Dinge zu tun, die das berücksichtigen.

Vielen Menschen scheint es nicht eingängig zu sein, dass man tatsächlich mehr erreicht, wenn »man sich weniger Mühe gibt«. Aber wenn du den machtvollen Fluss des Wohl-Seins einbeziehst und herausfindest, wie man sich diesen Fluss nutzbar macht, dann wird das Ganze für dich völlig plausibel klingen.

11

Von deinem Ort der Ausrichtung aus wird wohltuendes Verhalten angeregt, und wunderbare Dinge werden sich mit großer Leichtigkeit entfalten. Und je mehr Leichtigkeit du empfindest, umso weniger Widerstand hast du und umso eher können die Zellen deines Körpers ihr Gleichgewicht finden.

Wenn du dich nicht in Schwingungsharmonie mit deiner Quelle befindest, bist du dennoch in der Lage, deine Willenskraft aufzubieten, um dich zum Handeln zu motivieren. Aber an einem solchen Verhalten ist nichts Erfreuliches, und im Großen und Ganzen gesehen ist es auch relativ unproduktiv.

Uns ist wohl bewusst, dass du, sobald du die Wirkung des Energiestrudels entdeckst – und die Leichtigkeit und den Fluss der Übereinstimmung mit der Energie, die Welten erschafft –, nie mehr zu den Anstrengungen und der harten Arbeit zurückkehren willst, die damit verbunden sind, außerhalb des Energiestrudels zu sein. Es besteht ein großer Unterschied zwischen dem *Zulassen* deines natürlichen Wohl-Seins und dem *Versuchen*, es geschehen zu machen.

Während du dich an den Rhythmus der kontinuierlichen Übereinstimmung mit der Energie deiner Quelle gewöhnst, wirst du dich physisch energetisiert fühlen und voller Begeisterung vom Leben sein. Du wirst dich dabei ertappen, aktiver sein zu wollen, nicht weil du handeln musst, um etwas zu erreichen, sondern weil du es willst. Alte Gefühle des Kontra-Seins und Sträubens werden durch neue Gefühle des Eifers und der Leidenschaft ersetzt sein. Und statt dich zurückziehen und ausruhen zu wollen, möchtest du in die Welt hinaus auf Entdeckungsreise gehen.

Tag für Tag, während sich dein Widerstand legt, wirst du die Leidenschaft für das Leben aufdecken, mit der du geboren wurdest. Und während sich deine Stimmung hebt und sich deine Vitalität erhöht – werden zugleich auch die Zellen in deinem Körper gedeihen.

Deine neue Haltung des Wohlgefühls ist nicht nur ein *Indikator* für die Verbesserung deines physischen Körpers – sie ist der *Grund* dafür. Je glücklicher du bist, umso weniger beeinträchtigst du deinen zellularen Körper.

Die meisten Menschen sehen es andersherum. Sie wollen sich in ihrem Körper wohlfühlen, damit sie glücklich sein können. Aber das Geheimnis besteht darin, erst glücklich zu sein – in welchem Zustand sich dein Körper auch befindet –, und dann folgt zwangsläufig physisches Wohl-Sein.

12

Der Prozess des ATMENS und ZULASSENS ermöglicht es, von dort, wo immer du bist, dorthin zu gehen, wo immer du sein möchtest, denn wenn du atmest und Widerstand abbaust, bringst du deine Schwingungsfrequenz in Übereinstimmung mit der deiner Quelle und mit persönlichem Gedeihen.

Wenn du von erfreulichen Dingen umgeben bist, kannst du leicht deine positive Haltung oder gute Stimmung aufrechterhalten, indem du deine Umgebung betrachtest, die dir ein gutes Gefühl verleiht. Es ist leichter, einen fantastischen glücklichen Augenblick in einem physischen Körper zu haben, der sich gut anfühlt. Aber die Notwendigkeit zu einer angenehmen Umgebung oder Bedingungen, um sich gut zu fühlen, ist eine unhaltbare Situation.

Es fühlt sich gut an, etwas Erfreuliches wahrzunehmen, aber es ist keine gute Idee, etwas Erfreuliches wahrnehmen zu müssen, um sich gut zu fühlen. Wenn dein Glück davon abhängt, nur erfreuliche Situationen zu sehen, dann wirst du schließlich zu einem von vielen, die vergeblich versuchen, die Bedingungen, die sie umgeben, zu kontrollieren. Sie sind niemals erfolgreich und sie erhalten kein dauerhaftes Glück aufrecht. In der Tat sind sie selten wirklich glücklich.

Viele Menschen packen ihr Leben genau andersherum an: kontrollieren Bedingungen … sodass sie erfreuliche Dinge bemerken können … sodass sie sich gut fühlen können …. Diese tägliche Meditationspraxis wird dir dabei helfen, in den Rhythmus und den Fluss der *Gesetze* zu gelangen, die das Schwingungsuniversum, in dem du lebst, lenken: Kümmere dich darum, wie du dich fühlst … sodass du deine Gedanken lenken kannst, um mit den Schwingungsfrequenzen des Wohl-Seins übereinzustimmen … sodass du erfreulichen Dingen begegnen kannst … sodass du dich gut fühlen kannst. *Fühle dich gut um des guten Gefühls willen, und alles andere wird sich von selbst erledigen.*

Dieser Prozess wird dich lehren (denn Worte können nicht lehren), dass es bei dem Schöpfungsprozess im Grunde darum geht, nicht mehr die Dinge zu tun, die dein Wohl-Sein verhindern. Und während du diese widerstrebenden Gedanken und gewohnheitsmäßigen Gedanken (Überzeugungen) einen nach dem anderen loslässt, wirst du deine Schwingung anheben, bis sie der Frequenz vollkommenen physischen Wohl-Seins entspricht.

13

Es ist für dich natürlich, dich gut zu fühlen und gesund zu sein und perfekte körperliche Zustände zu erfahren. Und während du zu einer Schwingungsmäßigen Entsprechung zum Wohl-Sein wirst, wird dein Körper dir den Beweis dafür liefern.

Die meisten Menschen haben keine frische Erinnerung daran, wie gut sich ihre physischen Körper anfühlen können, denn sie haben sich selbst schon vor langer Zeit von ihrer natürlichen Vitalität und Harmonie abgeschnitten.

Ungewünschte Krankheiten oder Zustände tauchen nicht plötzlich in deinem Körper oder deiner Erfahrung auf, sondern entwickeln sich allmählich als Folge deines ständigen Energieentzugs.

Mit anderen Worten, wenn du dir jeden Tag um etwas sorgst oder wütend über etwas bist, beraubst du dich selbst der Harmonie mit der Quelle, die dafür sorgt, dass dein physischer Körper in Balance ist und sich gut fühlt. Und wenn du nicht auf deine negativen Emotionen, sobald sie auftauchen, reagierst und dich bemühst, deine Gedanken neu zu fokussieren, um deinen emotionalen Seinszustand zu verbessern, sondern wie die meisten Menschen verfährst, nämlich indem du lernst, mit der negativen Emotion zu »leben«, und sie als »normales Leben in der modernen Welt« akzeptierst, wird es schließlich zu einem Schwingungsmäßigen Tipping-Point kommen, und das ungewünschte physische Symptom wird auftauchen.

Durch unseren täglichen Meditationsprozess wirst du dich allmählich daran erinnern, dass du dich gut fühlen sollst. Deine *natürliche* Bandbreite an Emotionen umfasst *Hoffnung*, *Interesse*, *Eifer*, *Leidenschaft*, *Liebe*, *Wertschätzung* und *Freude*; und dieser Prozess wird dir dabei helfen, dich bewusst wieder auf deine *natürlichen* Frequenzen einzustimmen, was dann dazu führen wird, dass jegliche unangenehmen und ungewünschten Emotionen offenkundiger werden, wann immer sie auftauchen.

Statt also negative Emotionen, die in dir aufsteigen, als einen normalen Teil des Lebens zu akzeptieren, wirst du verstehen, was sie in Wirklichkeit sind: eine klare, offenkundige, augenblickliche Führung, die eine bewusste Reaktion von dir verlangt – und zwar, sich für einen Gedanken zu entscheiden, der sich besser anfühlt. Während ein Körper, der sich wohlfühlt, den Gedanken, die sich gut anfühlen, förderlich ist, wollen wir dich daran erinnern, dass deine Gedanken, die sich gut anfühlen, deinen sich wohlfühlenden Körper ermöglichen.

14

Während du zuhörst und atmest, wird mit jedem weiteren Tag deine Übereinstimmung mit dem Wohl-Sein stärker werden; und während du diese Worte in einer Atmosphäre des Nichtwiderstands wahrnimmst, wirst du Klarheit und Vitalität und Wohl-Sein fördern.

So, wie diese Dauerhaftigkeit von negativen Emotionen ein allmählicher Prozess war, der schließlich mit einem Tipping-Point endete, der einen merklichen Beweis für Widerstand in Form eines ungewünschten physischen Zustands bewirkte – wird auch dein Prozess, diesen Widerstand abzubauen, allmählich verlaufen. *Unser täglicher Meditationsprozess wird dir dabei helfen, Widerstand loszulassen, jeden Tag ein wenig mehr, bis du an einem Schwingungsmäßigen Tipping-Point gelangst, der dich wieder in Harmonie mit der Quellen-Energie bringt.*

Plötzlich wird es sich anfühlen, als wäre ein Schleier gelüftet worden, was dir eine klare Sicht auf die Dinge ermöglicht, die du vorher nicht erkennen konntest. Du wirst *Klarheit* und *Gewissheit* und *Zuversicht* und *Wissen* verspüren statt irgendeine unangenehme *Verwirrung* und *Unsicherheit*, wie es vorher der Fall war. Und sobald du dir dieser tief gehenden emotionalen Veränderung bewusst bist, werden dir alle möglichen verbesserten Manifestationen offenkundig sein.

Sobald du dort bist, wirst du dich vielleicht fragen, warum du so lange bereit warst, deine selbst beigebrachte Trennung vom Wohl-Sein hinzunehmen, aber wir möchten dich behutsam an diese wichtige Sache erinnern: *Solange sich deine Schwingung nicht veränderte, hattest du keinen Zugang zu diesen verbesserten Gedanken, zu diesen verbesserten Gefühlen oder zu diesen verbesserten Zuständen. Alles dreht sich um die Schwingung!*

Selbst wenn sich immer mehr Zustände deines physischen Lebens verbessern und du immer mehr erfreuliche Manifestationen findest, um dich darauf zu fokussieren, wollen wir dich dazu ermutigen, diesen täglichen Prozess fortzusetzen, deinen Geist zu beruhigen und dich auf deine Atmung zu konzentrieren, sodass du deine Frequenzen auf das Wohl-Sein deiner Quelle dauerhaft in Übereinstimmung bringen kannst. Während du also spielerisch durchs Leben gehst und auf Situationen stößt, die früher zur allmählichen Schwächung des Wohl-Seins beitrugen, wirst du deine Schwingung auf einer täglichen Basis angleichen und deine Harmonie mit der Energie deiner Quelle – und mit der Energie des Gedeihens – erhalten.

15

Dein Körper reagiert hauptsächlich auf den Inhalt deiner Gedanken; und genau in diesem Augenblick zieht dein Körper Nutzen. Dein Leben sollte sich für dich gut anfühlen, und du solltest ein Glücksgefühl in deinem Leben verspüren – und du solltest deine Träume verwirklichen.

Was du denkst (und was du fühlst aufgrund deiner Gedanken) und was sich in deiner Erfahrung manifestiert, stimmt miteinander überein. Du bekommst das, worüber du nachdenkst, ob es etwas Gewünschtes oder Ungewünschtes ist, und das trifft vor allem im Hinblick auf deinen physischen Körper zu.

Dein physischer Körper ist die genaueste Reflexion der Überzeugungen, die du über etwas in deiner Erfahrung hegst. Es ist hilfreich zu verstehen, dass eine Überzeugung nur ein Gedanke ist, den du ständig denkst – und da du die Kontrolle über deine Gedanken hast, besitzt du auch die Fähigkeit, bewusst Gedanken zu projizieren, die einen wohltuenden Einfluss auf deinen physischen Körper haben.

Je mehr du dich darin übst, Gedanken zu hegen, die sich gut anfühlen, umso mehr wirst du eine ungehinderte zellulare Kommunikation zulassen und umso mehr wird dein physischer Körper gedeihen.

Der Prozess, dich stärker auf die positiven Aspekte deiner Gedanken zu konzentrieren, erfordert etwas Zeit und Übung, aber es gibt eine Möglichkeit, wie du deinem Körper unverzüglich einen großen Nutzen zuteil werden lassen kannst, noch bevor es dir gelingt, deine Gedanken auf höhere Frequenzen zu trainieren. Um deine Gedanken auf höhere Frequenzen zu trainieren, musst du nur die widerstrebenden Gedanken loslassen, die den Widerstand einladen. In der Abwesenheit dieser widerstrebenden Gedanken hebst du automatisch deine Schwingung an.

Während du dich auf den Rhythmus der Musik konzentrierst und deine Atemzüge synchronisierst, wirst du mit Sicherheit alle beliebigen widerstrebenden Gedanken auflösen, zumindest für die Zeit, an der du an dieser Meditation teilnimmst. Der einfache Prozess, deinen Widerstand aus dem Blickpunkt zu rücken, wird dich in das Leben voller Glück und verwirklichter Träume zurückbringen, das zu leben du hierhergekommen bist. Dein Leben soll sich gut für dich anfühlen.

16

Du machst deine Sache außerordentlich gut.
Physisches Wohl-Sein fließt zu dir. Entspanne dich
und genieße, was sich entfaltet. Empfinde Wertschätzung für
DAS-WAS-IST und Leidenschaft nach dem, was kommt...
Hier herrscht große Liebe für dich.

Und, wie immer, bleiben wir – im Energiestrudel.

Da du dich bewusst mit unserem Buch und unserer CD-Aufnahme befasst, können wir dir unmissverständlich mitteilen, dass du deine Schwingung auf jeden Fall anheben wirst.

Mit anderen Worten, es ist nicht möglich, dass du diesen einfachen Anleitungen folgst und keinen Widerstand abbaust.

Und das Abbauen von Widerstand impliziert stets, dass deine Schwingung sich automatisch erhöhen wird, bis die Harmonisierung mit deiner Quellen-Energie sicher ist. Und dann wirst du dich im Zustand des Zulassens befinden, in dem die Essenz aller Dinge, die du dir wünschst, in deine Erfahrung fließt.

Entspanne dich und genieße das Gefühl der Harmonisierung; und nimm keinerlei Bewertung der physischen Resultate vor; sei stolz auf dich für deine bewusste Beschäftigung mit deinem Wohl-Sein.

Wenn wir dich davon überzeugt haben, dass du alles unternimmst, was erforderlich ist, um alles zu erreichen, was du dir wünschst, indem du dich auf unsere geführte Meditation konzentrierst und zulässt, dass deine Schwingungsfrequenzen ihren natürlichen Rhythmus finden, dann wird dir der Erfolg gewiss sein.

Wir sind in dem Genuss, in der Schwingungsfrequenz deines Energiestrudels zu stehen, unsere Freude an der Macht von alldem, was da ist, zu haben, zu wissen, *wer-du-wirklich-bist*, und die Wirkung dieses Prozesses zu kennen, und wir sind voller gespannter Freude daran, dass du das Gleiche bewusst entdeckst.

Versuche eine kurze Zeit nicht, in deine Zukunft zu sehen, und verwende keine Zeit dafür, die Einzelheiten von dem, was jetzt ist, zu analysieren. Lass dich stattdessen von den Klängen auf unserer CD treiben und entdecke die Kunst, dein vollkommenes Einswerden mit deiner Quelle zuzulassen.

Wir halten an unserem Wissen um deine Aussicht auf Wohl-Sein fest, stets erpicht darauf, dich zu empfangen, während du deinen natürlichen Platz bei uns – im Inneren des Energiestrudels – zurückforderst. Hier herrscht große Liebe für dich.

Meditation

Beziehungen

1

Es ist schön, diese Gelegenheit zu haben, um über Beziehungen zu plaudern. Es gibt kein Thema von größerer Bedeutung für dich als Beziehungen, denn ohne andere könntest du nicht du sein.

Deine Beziehungen mit den anderen auf diesem Planeten sind für dich in verschiedener Hinsicht wertvoll. Für die meisten ist es klar, dass eure Vielfalt an Talenten und Interessen im Großen und Ganzen eine Umgebung des Gleichgewichts erschafft. Aber ihr seid euch auch auf anderen wichtigen Weisen einander hilfreich.

Jede Person, mit der du interagierst, ist ein Teil der Person, zu der du wirst. Keine einzige Interaktion mit einer einzelnen Person wird bei dem Prozess deines Werdens übersehen.

Deine Interaktion mit anderen hilft dir, deine eigenen persönlichen Vorlieben festzulegen, und auch wenn du diese Vorlieben nicht laut aussprichst, strahlst du sie Schwingungsmäßig aus, und sie werden zur Grundlage deiner Expansion.

Viele Leute nehmen an, dass nur angenehme Beziehungen wertvoll sind, aber das stimmt nicht. Dein Gewahrsein einer ungewünschten Situation ruft in dir eine klare Schwingungsmäßige Bitte um etwas anderes hervor. Und selbst solche unangenehmen Interaktionen mit anderen bilden also die Schwingungsbasis deiner Expansion.

Menschen glauben oft, dass der Wert der Interaktion mit anderen hauptsächlich darin besteht, Talente und Maßnahmen zu vereinen, um die Aufgaben zu vollbringen, die für das Bestehen einer Gesellschaft notwendig sind, aber eure Interaktion miteinander ist viel bedeutsamer als das. Ihr helft euch gegenseitig dabei, die Eigenschaften eurer individuellen und kollektiven Expansion festzulegen. Das heißt, selbst die kürzeste Begegnung mit einer anderen Person trägt im Grunde zu deiner Expansion als ein Ewiges Wesen bei.

Es ist unser Wunsch, dir dabei zu helfen, zu deiner natürlichen Wertschätzung für die anderen, mit denen du deinen Planeten teilst, zurückzukehren, sodass du jede Begegnung mit anderen voll und ganz genießen kannst, gleichgültig wie kurz sie ist oder ungeachtet dessen, ob du mit ihnen übereinstimmst oder nicht.

2

Die anderen, mit denen du deinen Planeten teilst, sind von enormem Wert für dich, auch wenn du andere Dinge möchtest; und deine irdische Umgebung ist groß genug, um die ganze Vielfalt an Interessen, Überzeugungen und Wünsche zu beherbergen.

Je mehr Wahlmöglichkeiten dir zugänglich sind, umso reicher wird dein Leben sein. Mit anderen Worten, ein Schlemmerbüffet mit einem reichen Angebot birgt ein größeres Potenzial, dich zufriedenzustellen, als ein kleines Büffet. Jeder Aspekt deines Lebens wird bereichert, wenn aus einer großen Vielfalt gewählt werden kann – und deine Vielfalt an Wahlmöglichkeiten war noch nie größer.

Wir sprechen nicht nur über die Vielfalt an Möglichkeiten im Hinblick auf Lebensstile, sondern auch im Hinblick auf Verhaltensweisen, emotionale Reaktionen, Persönlichkeitsmerkmale, Haltungen, Stimmungen, Reaktionen auf Situationen …

Du bist von Auswahlen und Alternativen umgeben, von denen du die erweiterte Version von dir erschaffst.

Es gibt viele Situationen, Haltungen, Lebensstile – sogar Nahrungsangebote –, mit denen du nichts zu tun haben willst. Durch dein Leben hast du viele gewünschte und ungewünschte Aspekte identifiziert, und es ist wichtig, sich daran zu erinnern, dass keines dieser ungewünschten Dinge in deiner Erfahrung auftauchen kann, es gibt in deinem auf Anziehung basierenden Universum keine Anmaßung.

Die Entscheidungen, die andere treffen, können sich nicht negativ auf deine Erfahrung auswirken, solange du sie nicht durch deine Aufmerksamkeit auf sie in deine Erfahrung ziehst. Dinge kommen zu dir nur durch deine Schwingungseinladung – und sie bleiben nur, weil du kontinuierlich deine Aufmerksamkeit auf sie richtest.

Dein Universum basiert auf Freiheit. Freiheit für alle, um das zu wählen, worauf sie ihre Aufmerksamkeit richten und was sie folglich erfahren wollen. Und eure Interaktion miteinander bietet eine kontrastierende Basis, die eine fortlaufende Expansion gewährleistet.

Wenn anderen die Schwingungsausrichtunv auf einen ihrer Wünsche gelingt, berauben sie dich keineswegs deiner Wünsche. Wenn deine Raum-Zeit-Realität einen Wunsch in dir angeregt hat, so kann dein Wunsch mit Sicherheit in Erfüllung gehen, denn deine irdische Umgebung besitzt das Potenzial, die Essenz aller Wünsche zu erfüllen.

3

Deine Unterschiede sind von großem Vorteil, um neue Ideen zu fördern, und wichtig für deine Expansion. Du kamst hierher mit gespannter Vorfreude im Hinblick auf die Expansion, die aus deiner Interaktion mit anderen hervorgehen würde.

Die Idee *Je größer die Vielfalt, aus der man wählen kann, umso mehr Wahlmöglichkeiten hast du* ist leicht zu verstehen, aber es existiert ein noch größerer Nutzen, der aus den kontrastierenden Unterschieden, die dich umgeben, hervorgeht: Während die Details von *ungewünschten* Dingen sich in deiner physischen Dimension für dich herauskristallisieren, kristallisieren sich zugleich entsprechende gewünschte Dinge in der Nicht-Physischen Dimension heraus.

Wann immer du bestimmt weißt, dass du etwas *nicht möchtest*, sendest du eine Frequenz, die genaue Informationen darüber enthält, was du *möchtest*, in deinen Energiestrudel der Schöpfung aus. Und dein *Inneres Sein*, die Quelle in dir, hält an dieser neuen-und-verbesserten Schwingung fest …

Während ein Problem in deinem Gewahrsein Gestalt annimmt, nimmt zugleich eine entsprechende Lösung Gestalt an; und während Fragen auftauchen, bilden sich die entsprechenden Antworten heraus.

Aus deiner Nicht-Physischen Perspektive, vor deiner Geburt in diesen physischen Körper, verstandest du diesen wunderbaren Prozess der Ewigen Expansion, und du tratest mit ungeheurer Freude in deinen physischen Körper. Du betrachtetest die Vielfalt deines Planeten – und vor allem die kontrastierenden Anschauungen der menschlichen Bevölkerung – als die perfekte Basis nicht allein für Expansion, sondern für freudvolle Expansion. Du wusstest, dass jedes Problem eine Lösung mitbringen und jede Frage eine Antwort einschließen würde, und du warst begeistert von deiner Rolle bei der Schöpfung dieser Lösungen und Antworten.

Vor deiner Geburt verstandest du den Wert des Kontrastes und du glaubtest an deine Fähigkeit, dich in die Richtung der Lösungen zu fokussieren; aber, und das ist am wichtigsten, du verspürtest keine Abneigung gegen Probleme, weil du wusstest, dass sie alle Teil des Prozesses der Ewigen Expansion sind. Du warst begeistert von der Aussicht auf freudvolle Erforschung, persönliche Auswahl und bewusstes Fokussieren. Mitschöpfung vom Feinsten!

4

Wenn du den Wert von unterschiedlichen Meinungen verstehst, wirst du einen unmittelbaren Wert aus jeder Beziehung schöpfen; und da du andere nicht zu deinem Wohlgefallen verändern kannst, wird es dir Wohlgefühl verschaffen, wenn du sie dort wertschätzt, wo sie sind.

Je mehr Perspektiven in die Mischung gelangen, umso größer das Potenzial für wunderbare Schöpfungen. Selbst wenn du im starken Widerspruch zu den Meinungen oder Sichtweisen anderer stehst, liefert deine Interaktion mit ihnen die Basis für Expansion und Lösungen und Antworten, zu denen du ohne ihre problematisch scheinenden Positionen keinen Zugang hättest.

Wir ermutigen dich dazu, Frieden zu schließen mit jedem, der sich gegen dich wendet, und mit jedem, gegen den du dich wendest, nicht nur, weil du nicht darauf bestehen kannst, dass sie sich deiner Sichtweise fügen, sondern weil ihre entgegengesetzte Sicht von enormem Vorteil für dich ist.

Weil du dem ausgesetzt bist, was du als ihre *falsche, schlechte* oder *ungewünschte* Verhaltens- oder Betrachtungsweise siehst – hast du eine verbesserte Situation ins Leben gerufen. Und so, wie sie halfen, die *Problem*seite der Gleichung herauszukristallisieren, halfen sie auch, die *Lösung*sseite der Gleichung herauszukristallisieren. Und diese Lösung wartet auf dich in deinem Energiestrudel der Schöpfung.

Durch unseren täglichen Meditationsprozess wirst du in Harmonie mit diesen Lösungen und Schöpfungen gelangen, die sich in deinem Energiestrudel befinden, und von deinem Energiestrudel aus wirst du Wertschätzung für jeden empfinden, der dazu beigetragen hat. Im Voraus zu entscheiden, sie wertzuschätzen – noch bevor du in deinen Energiestrudel eingetreten bist und noch bevor sich dir die Lösungen offenbart haben –, wird den Prozess verkürzen und dich schneller zu den von dir angestrebten Lösungen bringen. Und, was noch wichtiger ist, dein Leben wird sich für dich mit jedem Schritt auf dem Weg gut anfühlen.

Wenn du Frieden schließt mit denen, die im Hinblick auf Wünsche, Überzeugungen und Verhaltensweisen von deinen Vorstellungen dessen, was richtig ist, abweichen, wirst du nicht aufrechterhalten, was du als falsch erachtest. Stattdessen bringst du dich in Eintracht mit der Lösungsseite der Gleichung, die in deinem Energiestrudel der Schöpfung auf dich wartet.

5

Manchmal hat es den Anschein, als ob andere die Macht hätten, deine Erfahrung negativ zu beeinflussen, aber das trifft nie zu; nur deine Reaktion auf sie hat die Macht, dich von der Person, die sich von Natur aus gut fühlt, nämlich von dir, abzuschneiden …

Es fühlt sich immer gut an, die positiven Aspekte eines anderen zu bemerken, denn dabei bleibst du in vollkommener Harmonie mit der Umfassenderen Perspektive der Quelle in dir. Und da das positive Verhalten anderer sich gut anfühlt, ist es logisch, dass du dem gern deine Aufmerksamkeit schenken würdest.

Aber wenn du auf das Verhalten anderer angewiesen bist, um dein Wohlgefühl zu erhalten, und dir fällt dann ein ungewünschtes Verhalten auf, ist es logisch, dass du dich nicht gut fühlst. Und das Schlimmste daran ist, dass du dann glaubst, dass dein Wohlgefühl von ihrem Verhalten abhängig ist, über das du keine Kontrolle hast. Und die Überzeugung, dass das Verhalten anderer kontrolliert werden muss – sodass deine Beobachtung dieses guten Verhaltens dich gut fühlen lässt –, lässt dich schutzlos gegen ihr Verhalten fühlen.

Wir möchten dir gern helfen zu verstehen, dass weder das gute Gefühl, das du bei einem gewünschten Verhalten feststellst, noch das schlechte Gefühl, das du bei einem ungewünschten Verhalten feststellst, der eigentliche Grund dafür ist, dass du dich gut oder schlecht fühlst. Wie du dich fühlst, ist immer eine Sache deiner Ausrichtung oder fehlenden Ausrichtung auf die Quelle in dir. *Nur in deiner Beziehung zu der Quelle in dir (zu deinem Inneren Sein) ist die Ursache für deine Emotionen zu suchen.*

Obwohl es schön ist, Dinge in deiner physischen Umgebung zu finden, die deine sich gut anfühlende Ausrichtung auf dein *Inneres Sein* verstärken, wird dein Verständnis dessen, warum du dich gut fühlst, es dir ermöglichen, dich gut zu fühlen, ungeachtet des Verhaltens anderer.

Das Wissen, dass es sich bei der Art, wie du dich fühlst, im Grunde um deine Schwingungsbeziehung mit deinem Inneren Sein handelt – mit der Quelle in dir, mit der erweiterten Version von dir, die in deinem Energiestrudel weilt –, verleiht dir umfassende Befähigung und absolute Freiheit.

6

Manchmal glauben andere, dass ihr Glück von deiner Reaktion auf sie abhängt, aber das trifft nie zu; und wenn du sie ermutigst, das zu glauben – und dich auf den Kopf stellst, um ihnen zu gefallen –, hilfst du weder ihnen noch dir.

Wenn andere über dein Verhalten erfreut sind, fühlt sich das für dich oft gut an. Es ist immer schön, andere zu sehen, wenn sie sich gut fühlen, und es fühlt sich gut an, zu wissen, dass du mit ihrem guten Gefühl etwas zu tun hast. Aber wenn einer von ihnen von deinem Verhalten abhängig wird, um sich gut zu fühlen – dann seid ihr beide im großen Nachteil.

Wenn du deiner Beziehung mit deinem Inneren Sein höchste Priorität einräumst und bewusst Gedanken wählst, die deine Übereinstimmung zulassen, wirst du denen, mit denen du interagierst, durchweg den größten Vorteil bieten. Nur wenn du in Harmonie mit deiner Quelle bist, hast du anderen überhaupt etwas zu bieten.

Wenn dein Verhalten von deinem Wunsch geprägt ist, eine andere Person glücklich zu machen, wirst du deine Verbindung zu deiner Quelle verlieren. Und es ist für dich nicht möglich, glücklich zu sein, solange du nicht in Harmonie mit deiner Quelle bist. Ohne diese harmonische Ausrichtung hast du anderen nichts zu bieten.

Unser täglicher Meditationsprozess wird dir helfen, kontinuierlich Widerstand abzubauen und in Harmonie mit der Macht und der Klarheit und der Liebe zu gelangen, die wirklich der-der-du-bist sind – und dann wird jeder, der im Mittelpunkt deiner Aufmerksamkeit steht, Nutzen ziehen.

Anderen wird das beständige Glück, das du erfährst, auffallen, und sie können von der Kraft deines Beispiels profitieren. Während du sie wissen lässt, dass dein Glück nur von deiner Fähigkeit abhängt, dich auf die Harmonie mit *dem-der-du-wirklich-bist* zu fokussieren, kannst du sie darin unterstützen, die gleiche Freiheit für sich selbst zu entdecken.

Statt dich an der undurchführbaren Aufgabe zu versuchen, dich so zu verhalten, dass es andere erfreut, zeige ihnen lieber, wie leicht es ist, deine ständige Übereinstimmung zu finden.... Du wirst immer Glück in deinem Energiestrudel finden. Und das Glück, das sie suchen, finden sie in ihrem Energiestrudel.

7

Wenn du erwartest, dass ein anderer ohne deine Hilfe erfolgreich ist – siehst du ihn so, wie seine Quelle ihn sieht. Wenn du glaubst, dass ein anderer deine Hilfe braucht, und versuchst, seine Schwäche mit deiner Stärke zu stützen – hilfst du ihm nicht.

Wenn du dich in deinem Energiestrudel und in Harmonie mit deiner Umfassenderen Perspektive befindest und auf andere Menschen fokussiert bist, ist deine Aufmerksamkeit auf sie hilfreich.

Wann immer du also in Harmonie mit der machtvollen Energie deiner Quelle bist, empfängt alles, worauf du dich fokussierst, den Segen deines Blicks.

Wenn du dich in deinem Energiestrudel und in Harmonie mit deinem Inneren Sein befindest, bist du darauf abgestimmt, nur Erfolg bei anderen Menschen zu sehen, die du betrachtest. Wann immer du dir der Probleme anderer bewusst bist, bedeutet das stets, dass du dich nicht in deinem Energiestrudel und nicht in Harmonie mit der Weise, in der die Quelle in dir sie betrachtet, befindest.

Wenn du Unbehagen verspürst aufgrund der Mangel- oder Notsituation anderer Leute und beschließt, von deinem Ort des Unbehagens aus ihnen zu helfen, wird das keinen bleibenden Wert haben, und zwar aus zwei Gründen: Erstens bist du nicht in Harmonie mit der Energie deiner Quelle und daher kannst du nichts von echtem Wert geben; und zweitens verstärkt deine Aufmerksamkeit auf ihre Not nur noch ihre Not.

Natürlich ist es eine wunderbare Sache, anderen zu helfen, aber das muss von deinem Ort der Stärke und Harmonie aus geschehen, was bedeutet, dass du in Übereinstimmung mit ihrem Erfolg sein musst, während du Hilfe anbietest, und nicht in Übereinstimmung mit ihrem Problem.

Es ist leicht zu wissen, ob dein Angebot von einem Ort der Harmonie oder des Widerstands herrührt, denn du kannst das immer an der Weise erkennen, wie du dich fühlst. Wenn du dich durch dein Gewahrsein ihrer Situation unbehaglich fühlst und Hilfe anbietest, damit sie sich besser fühlen und damit du dich besser fühlst, bist du nicht im Energiestrudel und folglich nicht hilfreich. *Wenn du eine inspirierte Freude dabei empfindest, etwas anzubieten, weil du an ihrem freudigen, erfolgreichen Prozess teilnehmen möchtest, harmonisiert deine Aufmerksamkeit auf ihren Erfolg mit dem Standpunkt deiner Quelle; und die unendlichen Ressourcen des Universums stehen dir zur Verfügung. Und das hilft.*

8

Wenn du nach den Stärken eines anderen suchst, werden sie, auch wenn sie schwer zu finden sind, durch deine Aufmerksamkeit auf sie verstärkt; und im Laufe der Zeit werden diese Stärken, eben weil deine Aufmerksamkeit sie angestrahlt hat, auch für andere sichtbar werden.

Manchmal sind andere so auf die unangenehmen Details ihrer gegenwärtigen Situation fokussiert, dass sie nicht in der Lage sind, einen Schimmer von Hoffnung darauf, dass sich die Dinge ins Gegenteil wenden, erhaschen. Weil sie so in die Wirklichkeit, in der sie leben, verwickelt sind, erhalten sie unentwegt Schwingungen aufrecht, die dem entsprechen, was sie nicht wollen – und so ziehen sie immer mehr von dem an, was sie nicht wollen.

Aber wenn du dich in der Schwingung der Harmonie übst und beständig in deinem Energiestrudel weilst, vermagst du sie als die erfolgreichen Menschen zu sehen, die sie in Wirklichkeit sind, statt als die Menschen, die sich vorübergehend von ihrem Erfolg abschneiden. Sie sind Schwingungsmäßig oft so weit von dem Erfolg entfernt, der sie in ihrem Energiestrudel erwartet, dass sie den Weg in ihn hinein nicht finden. Aber weil du dich bereits im Energiestrudel aufhältst und sie aus dem Energiestrudel heraus betrachtest, sind sie imstande, dich zu sehen und wahrzunehmen.

Und genau das ist die Macht des Auftrieb verleihenden Einflusses in Wirklichkeit: Weil du imstande bist, ihre wahre Macht zu erkennen, und diese mit deiner Aufmerksamkeit anstrahlst, können sie manchmal selbst einen Schimmer davon erhaschen.

Deine negative Aufmerksamkeit auf irgendetwas erhält mehr negative Aufmerksamkeit aufrecht. Deine positive Aufmerksamkeit auf irgendetwas erhält mehr positive Aufmerksamkeit aufrecht. Jedoch ist deine positive Aufmerksamkeit von größerem Einfluss als deine negative Aufmerksamkeit, denn wenn du dich in Harmonie mit deiner Quelle innerhalb deines Energiestrudels bringst – hast zu Zugriff auf die Macht, die Welten erschafft.

Unser täglicher Meditationsprozess wird dir helfen, deine Ausrichtung mit der Energie, die Welten erschafft, zu finden und zu erhalten, sodass du deinen erhebenden Einfluss anbieten kannst, indem du mit deiner Aufmerksamkeit andere anstrahlst. Buchstäblich jeder, an den du aus dem Energiestrudel heraus denkst, profitiert davon.

9

Wenn andere ihren Ärger an dir auslassen, verbal oder tätlich, kämpfen sie nicht mit dir, sondern mit sich selbst; und wenn du ihr Verhalten nicht persönlich nimmst – und verstehst, dass es ihr persönlicher Kampf ist –, werden sie dich im Laufe der Zeit in Ruhe lassen.

Es fühlt sich immer gut an, eine andere Person zu betrachten, die sich gut fühlt; und wenn ihr Glück mit deinem Verhalten zusammenhängt, kann es sich für dich besonders gut anfühlen.

Du bist jemand, der aufrichtet, und es fühlt sich gut an, eine Rolle dabei zu spielen, einen anderen aufzurichten. Aber wenn du andere zu dem Glauben ermutigst, dass ihr Glück von deinem Verhalten abhängt, erweist du ihnen und dir selbst einen Bärendienst. *Irgendwann wirst du des Versuches überdrüssig werden, die undurchführbare Aufgabe zu meistern, andere glücklich zu machen. Denn während ihre Forderungen an dich zunehmen, wirst du dein Gefühl des Freiseins verlieren. Und oft geben sie dir die Schuld, wenn sie sich nicht besser fühlen, da du derjenige in ihrem Leben bist, der zu helfen versucht.*

Jeder hat eine bunte Mischung aus Meinungen, Überzeugungen und Erwartungen bezüglich unzähliger Themen. Wenn du etwas deine Aufmerksamkeit schenkst, wird diese Schwingung aktiviert und gelangt sozusagen an die vorderste Front. Und je häufiger du dich darauf konzentrierst und es veranlasst, an der vordersten Front zu stehen, umso dominierender wird es.

Du hast die Wahl, einen sich gut anfühlenden Aspekt einer anderen Person in deiner Schwingung vorherrschen zu lassen oder einen sich schlecht anfühlenden Aspekt in deiner Schwingung vorherrschen zu lassen, und der Aspekt, für welchen du dich auch regelmäßig entscheiden magst, wird die Schwingungsbasis eurer Beziehung werden.

Wenn dein Glück absolute Priorität für dich hat und du bewusst die Aspekte anderer aktiv hältst, die sich am besten anfühlen, wirst du deine Schwingungsfrequenz derart trainieren, dass sie nicht imstande sind, dir auf irgendeine Weise zu begegnen, die sich nicht gut anfühlt.

Der einzige Weg, um rundum glücklich zu sein, besteht in dem Wissen, dass es sich bei dem Glücksgefühl lediglich um die Übereinstimmung mit der Quelle in dir handelt. Wenn du dich in deinem Energiestrudel der Schöpfung befindest, stehst du in einer Reihe mit allem, was du geworden bist, und mit allem, worum du gebeten hast. Es gibt einfach keinen Ersatz für diese Übereinstimmung.

10

Manchmal glaubst du, es sei wichtig, was andere über dich denken, und daher arbeitest du daran, ihre Anerkennung zu gewinnen. Jedoch gibt es in Wirklichkeit wenig, was du tun kannst, um ständig ihre Anerkennung zu finden – denn es geht nie um dich, sondern nur um sie.

Wenn du ein Kind bist, wollen die Erwachsenen um dich herum, dass du dein Verhalten so änderst, dass es ihnen gefällt, was aus ihrer Sicht manchmal keine so schlechte Idee zu sein scheint. Aber letzten Endes hat dies weitreichende nachteilige Folgen sowohl für das Kind als auch für den Erwachsenen.

Es funktioniert nicht für denjenigen, der zu gefallen versucht, weil zu viele Menschen die unterschiedlichsten Dinge von einem wollen, und Schritt zu halten mit den sich ständig ändernden Vorstellungen davon, was ein anderer für angemessenes Verhalten hält, ist keine kleine Aufgabe. Und es funktioniert auch nicht für denjenigen, der zufriedengestellt werden will, denn wenn du imstande bist, andere dazu zu bringen, ihr Verhalten zu deiner Zufriedenheit zu ändern, musst du ständig die anderen kontrollieren oder bist auf ihre Kooperation angewiesen, um zufriedengestellt zu sein. Ein undurchführbares und aussichtsloses Unterfangen.

Wenn du das Muster entwickelt hast, schwer daran zu arbeiten, um die Menschen um dich herum glücklich zu machen, wirst du, wenn sie nicht glücklich sind, wenn sie ihre Wut auf dich richten, vielleicht glauben, dass ihre Wut etwas mit deinem Verhalten zu tun hat.

Oft arbeiten sie schwer daran, dich glauben zu machen, dass du der Hauptgrund für ihr Problem bist, aber du hast sicher schon festgestellt, dass, je mehr du versuchst, dein Verhalten zu ändern, um andere glücklich zu machen, umso mehr Forderungen in Bezug auf dein Verhalten sie an dich zu stellen scheinen. Wieder ein undurchführbares und aussichtsloses Unterfangen.

Wenn du deinen bleibenden Glückszustand an den Tag legst, den du dadurch erreichst, dass du dir deines Energiestrudels bewusst bist und Gedanken hegst, die dir den häufigen Zutritt zu ihm erlauben (und, was noch wichtiger ist, wenn du dein Verhalten nicht änderst in dem Versuch, die Probleme anderer zu verscheuchen oder zu lösen), dann wirst du ihnen – durch die Kraft deines Beispiels – das Geheimnis ihres eigenen wahren Glücks anbieten. Glücklichsein ist eine sehr persönliche Sache – und es hat wirklich nichts mit anderen zu tun.

11

Wenn du alle Sorgen darum loslässt, was andere über dich denken, und deine Aufmerksamkeit nur darauf richtest, was du über sie denkst, wirst du dein innerstes Verständnis darüber, WER-DU-WIRKLICH-BIST, ans Licht bringen, und du wirst herausfinden, was wahre Freiheit bedeutet.

Die gegenwärtige Meinung, die andere über dich hegen, hat viel mehr damit zu tun, wie sie sich fühlen (ob sie in Harmonie mit ihrer Quelle sind und ob sie sich zu der Zeit in ihrem Energiestrudel befinden oder nicht), als mit dir oder deinem Verhalten.

Es gibt vielleicht keine größere Verschwendung an Zeit und Kraft als der Versuch, die Art und Weise, wie Leute dich sehen, zu beeinflussen, denn das, was sie sehen, hat sehr wenig mit dem Gegenstand ihrer Aufmerksamkeit zu tun und alles mit dem Blickwinkel, aus dem sie etwas betrachten. Was andere über dich denken, hängt in Wirklichkeit mit ihrer Beziehung zu ihrem Energiestrudel zusammen.

Da ihr gutes Gefühl mit ihrer Beziehung zu ihrem *Inneren Sein* oder mit ihrem Verweilen in ihrem Energiestrudel zusammenhängt, hilfst du ihnen immer am besten, sich besser zu fühlen, indem du sie dazu ermutigst oder dazu bewegst, sich in ihren Energiestrudel zu begeben. Aber das kann dir nur gelingen, wenn du dich selbst in deinem Energiestrudel und in Harmonie mit deinem *Inneren Sein* befindest.

Wenn du also feststellst, dass andere unglücklich sind (aus welchem Grund auch immer), hindert dich gerade deine Feststellung ihres Unglücklichseins daran, in deinem Energiestrudel zu sein – und dann ist es dir nicht möglich, ihnen zu helfen. Aber wenn es stattdessen deine Priorität ist, dich in deinem Energiestrudel zu befinden, und du dir nicht erlaubst, dich auf ihr Problem oder ihr Unglücklichsein zu konzentrieren, dann bleibst du in deinem Energiestrudel … und nun, da du sie aus *deinem* Energiestrudel heraus betrachtest, kannst du sie vielleicht dazu bewegen, in *ihren* Energiestrudel einzutreten und sich somit besser zu fühlen.

Wahre Freiheit findet sich in der Abwesenheit von Widerstand. Es geht darum, dich gut zu fühlen und in deinem Energiestrudel zu sein, ungeachtet der Situationen oder Bedingungen um dich herum. Wahre Freiheit ist die Entdeckung, bedingungslose Liebe aufrechtzuerhalten – imstande zu sein, deine »Im Energiestrudel«-Position beizubehalten, ungeachtet der Bedingungen.

12

In eurem Innersten seid ihr euch ähnlicher, als dass ihr euch voneinander unterscheidet, denn ihr seid durch einen gemeinsamen Faden der QUELLE und der LIEBE und der EXPANSION miteinander verbunden. Wenn du dich also von einem anderen bedroht fühlst, ist diese Bedrohung nicht real, denn nur du kannst den Fluss deines natürlichen Wohl-Seins aufhalten.

Niemand von euch verträgt es gut, nicht in Harmonie mit eurer Quelle zu sein. Das Gefühl der Leere, das du verspürst, wenn du deine Verbindung zu deiner Macht und Energie und Klarheit nicht zulässt, ist äußerst unangenehm. Und oft – im Zustand des Widerstands – zeigst du dein Abgetrenntsein, indem du deinen Zorn an anderen auslässt.

Wenn dir auffällt, dass jemand versucht, andere zu kontrollieren, erlebst du jemanden, der außerhalb seines Energiestrudels ist und sich von seinen Ressourcen des Wohl-Seins abschneidet. Diese Person versucht vergeblich, sich für eine selbst auferlegte Ablehnung von Ressourcen zu entschädigen, indem sie einen anderen schikaniert.

Wenn du erlaubst, dass das drohende oder unangenehme Verhalten anderer dich schlecht fühlen lässt, hast du dich einfach der Kettenreaktion des Schmerzes außerhalb deines Energiestrudels angeschlossen. Wir möchten, dass du verstehst, dass sie keine Macht über dich haben.

Jeder möchte sich gut fühlen, von Wert sein, am Leben beteiligt sein, Fortschritte feststellen, Neues lernen und Liebe empfinden. Aber viele Menschen suchen an den falschen Orten nach Liebe. Wenn du ein unangenehmes Verhalten bei anderen erlebst, unterscheidet sich das nicht von dem Anblick einer Person, die ihr Gesicht in ein Kissen gedrückt hat und sich so der Luft zum Atmen beraubt. Das unangenehme Verhalten entspricht dem verzweifelten Wild-um-sich-Schlagen der Person nach Leben spendender Luft.

Denke also daran, wenn andere sich aggressiv oder grob dir gegenüber verhalten, wollen sie einfach nur unbedingt die Harmonie mit ihrem Energiestrudel herstellen. Es dreht sich wirklich nicht um dich. Es ist nicht ihre Drohung oder ihre scheinbare Macht oder Stärke oder Position, die dein Leben oder dein Glück gefährden. Nur deine Aufmerksamkeit auf etwas, was deine Schwingungsmäßige Ausrichtung auf die Quelle verhindert, kann dein Wohl-Sein schwächen – und darüber hast du voll und ganz die Kontrolle.

13

Wenn du beharrlich nach positiven Aspekten bei anderen suchst, können sich dir mit der Zeit nur positive Aspekte zeigen, denn du wirst zunehmend deinen Schwingungsmäßigen Anziehungspunkt angepasst haben – so will es das GESETZ.

Jeder Gedanke, auf den du dich je fokussiert hast, besitzt das Potenzial, wieder aktiviert zu werden; jedoch speichert dein Gehirn nicht alle diese Gedanken und projiziert sie dann willkürlich auf dich. Du aktivierst sie aufgrund dessen, worauf du fokussiert bist.

Während du bewusst nach positiven Aspekten bei anderen suchst, trainierst du deine Schwingungsneigung zu zunehmend verbesserten Schwingungen. Darum spielt es keine Rolle, wie viele negative Gedanken du vorher gehegt hast oder wie lange du negativ fokussiert warst. Du kannst dich bewusst – augenblicklich – auf einen verbesserten Gedanken fokussieren.

Weil das *Gesetz der Anziehung* auf deinen aktuellen Gedanken reagiert, werden höchstwahrscheinlich immer mehr Gedanken wie dieser aktuelle

Gedanke in deinen Brennpunkt rücken. Mit anderen Worten, das *Gesetz der Anziehung* (*Gleiches zieht sich gegenseitig an*) wird dir weiterhin immer mehr Gedanken bescheren, die deiner gegenwärtigen Schwingungsfrequenz entsprechen.

Je häufiger du bewusst Gedanken wählst, die sich besser anfühlen, umso leichter wirst du auf solche Gedanken zugreifen können. Aber es gibt einen anderen schnellen und effektiven Weg, um deine Schwingung anzuheben und dich in die Lage zu versetzen, Zugang zu sich viel besser anfühlenden Gedanken zu haben: Indem du dich auf deine Atmung konzentrierst, wirst du widerstrebende Gedanken deaktivieren.

Dabei erhöht sich deine Schwingung, bis sie in Resonanz und Harmonie mit der Schwingung deiner Quelle in deinem Energiestrudel kommt.

Wir lehren Meditation, weil es in einigen Situationen wirklich einfacher ist, dir dabei zu helfen, »keinen Gedanken« zu finden als einen positiven Gedanken … Es gibt keine bessere Möglichkeit zu wunderbaren, bedeutsamen, ein gutes Gefühl vermittelnden Beziehungen als die eine tägliche Meditation – bei der du zulässt, dass deine Schwingung ihre natürliche Balance findet – gepaart mit dem bewussten Fokussieren auf positive Aspekte.

14

Es ist sicher, dass du die Beziehungen finden kannst, die du dir wünschst, aber zuerst musst du etwas Wichtiges erledigen: Du musst eine Schwingungsentsprechung zu den von dir gesuchten Eigenschaften werden, denn was zu dir kommt, entspricht immer DIR.

Menschen glauben oft, dass ein Partner, der sie liebt, die Antwort auf alles ist, was in ihrer Lebenserfahrung fehlt. Sie wollen diese eine Person finden, die sie im Wesentlichen vollständig macht. Und fast ohne Ausnahme wollen sie diese Person augenblicklich haben!

Aber weil wir das *Gesetz der Anziehung* kennen, ermutigen wir sie dazu, weniger streng zu sein, was den »Augenblicklich«-Teil betrifft, und zwar aus folgendem wichtigem Grund:

Wenn du darauf beharrst, augenblicklich einen Partner zu wählen, wird dieser Partner eine Schwingungsmäßige Entsprechung zu deinen aktuellen Gefühlen sein. Die Person, die jetzt kommt, wird der Essenz der Person, die du jetzt bist, entsprechen.

Wenn du dich missverstanden oder einsam oder ungeliebt fühlst, kannst du keinen Partner finden, der dir etwas anderes bietet.

Wenn du überwiegend die Abwesenheit einer wunderbaren Beziehung festgestellt hast, kann die Anwesenheit einer wunderbaren Beziehung nicht eintreten. Nicht augenblicklich.

Wenn du eine freudvolle Beziehung suchst, musst du erst einmal selbst freudvoll werden. Dir eine Beziehung zu wünschen, die dich voller Freude macht, ist ein rückständiger Ansatz.

Wenn du eine erfüllende, befriedigende Beziehung suchst, musst du selbst erst einmal zufrieden sein.

Wenn du eine Beziehung voller Spaß, Vergnügungen und Erregung suchst, musst du selbst erst mal voller Spaß, Vergnügungen und Erregung werden.

Wie du dich fühlst, entspricht dem, *der-du-bist*. Und der, *der-du-bist*, entspricht allem, was zu dir kommt. Das machtvolle *Gesetz der Anziehung* besteht darauf.

Der präziseste Weg, um dein ständiges Schwingungsangebot einzuschätzen, besteht darin, deinen jetzigen Beziehungen Aufmerksamkeit zu schenken. Die Menschen, die sich zu dir hingezogen fühlen, spiegeln deine ständigen Gedanken, deine Gefühle und deinen Anziehungspunkt perfekt wider. Und darüber hast du voll und ganz die Kontrolle.

15

Fokussiere dich so geht es geht auf das Beste in anderen; und wenn von dir gewünschte Eigenschaften fehlen, übe dich darin, sie einfach zu sehen – denn wenn du dich darin übst, an die Dinge, die du dir wünschst, zu denken, müssen sie in deiner Erfahrung auftauchen. So will es das GESETZ.

Jede Person, mit der du interagierst, besitzt eine große Vielfalt an Schwingungspotenzial, aus dem du wählen kannst. Und so, wie du bewusst die Speisen von einem Büffet wählen kannst, die du zum Mittagessen verzehren möchtest, kannst du dir auch die Eigenschaften von den Menschen, mit denen du interagierst, aussuchen.

Selbst wenn das meiste von dem, wie andere leben und fühlen und sind, dir nicht gefällt, hast du doch die Fähigkeit, die Eigenschaften, die dir gefallen, zu suchen und zu finden. Und wenn du dir das zur Gewohnheit machst, wirst du immer mehr bessere Erfahrungen von jeder einzelnen von ihnen anziehen.

Denke daran, dass, wann immer sich ein problematischer Aspekt einer anderen Person herauskristallisiert, sich ebenso eine entsprechende Lösung herauskristallisiert. Und selbst wenn diese Person sehr weit davon entfernt sein mag, die Lösung zu manifestieren oder zu erleben, so ist sie doch da. Sie ist trotzdem in Reichweite; und mit Übung wirst du sie erkennen können. *Wenn du entschlossen bist, dich gut zu fühlen, und folglich gleichermaßen entschlossen bist, in deinem Energiestrudel zu bleiben, wirst du nicht nur imstande sein, immer mehr positive Aspekte bei anderen zu sehen, sondern mit der Zeit wirst du sie dazu anregen, sie auch bei sich selbst zu sehen.*

Wenn du einen Schwingungsaspekt von irgendetwas verstärkst, indem du ihm Aufmerksamkeit zuteil werden lässt, wird es dadurch anderen leichter fallen, ihn auch zu sehen.

Deine Aufmerksamkeit auf die positiven Aspekte bei anderen fühlt sich gut für dich an, weil es dich dazu veranlasst, Harmonie mit deinem *Inneren Sein* zu finden, aber es veranlasst dich auch dazu, Harmonie mit ihrem *Inneren Sein* zu finden – mit *denen-die-sie-wirklich-sind.*

Indem du dich durch unsere tägliche Meditation auf die Frequenz deiner Quelle einstimmst, wirst du nur Zugang zu dem Besten von jedem haben, dem du begegnest. Es gibt kein größeres Geschenk, das du anderen geben kannst, als das Geschenk, sie als das anzuerkennen, was sie wirklich sind.

16

Du machst deine Sache außerordentlich gut.
Die Beziehungen, die du suchst, fließen zu dir.
Entspanne dich und genieße das, was sich entfaltet …
Empfinde Wertschätzung für DAS-WAS-IST und Leidenschaft nach dem, was kommt … Hier herrscht große Liebe für dich.

Und, wie immer, bleiben wir – im Energiestrudel.

Du bist mit Milliarden anderer Menschen in diese physische Raum-Zeit-Realität gekommen, wissend um den enormen Wert, den ihr euch gegenseitig und *Allem-was-ist* anbieten könnt. Die Großartigkeit und Fülle der Beziehungen, die du mit anderen finden wirst, mit denen du diesen Planeten teilst, hängen vollkommen von der Beziehung ab, die du bewusst zwischen dem physischen Du und deiner Nicht-Physischen Entsprechung, deinem *Inneren Sein*, pflegst. Dein *Inneres Sein* zeigt eine endlose Bereitschaft, nur deinen Wert und deine Güte zu sehen, und bewahrt diese Schwingung für dich auf, wann immer du bereit bist, in Harmonie mit ihr zu treten. Und sieht dich dort, auch wenn du es nicht siehst.

Es bereitet uns große Freude, dir diese auf dem *Gesetz* basierenden Universellen Konzepte in einer logischen Präsentation vorzustellen, denn wir wissen um die Freude, die du empfinden wirst, wenn du deine reine Resonanz mit ihnen entdeckst.

Wir finden auch viel Freude daran, zu verstehen, dass es nichts Natürlicheres im ganzen Universum gibt, als dass du dich gut fühlst, und dass keines der Worte, die wir hier in diesem Buch geäußert haben, notwendig ist, damit du dies bewerkstelligst.

Wenn die einzige Entscheidung, zu der wir angeregt haben (als Folge unserer Botschaft in diesem Buch und auf der CD), die ist, dass du dich jeden Tag für nur 15 Minuten hinsetzt, zum Rhythmus der Musik atmest – und dich behutsam fokussierst mit der Absicht, deine Atemzüge einen nach dem anderen mit dem Tempo der Musik im Hintergrund zu verschmelzen – dann genügt das.

Es ist genug für dich, um jeglichen Widerstand abzubauen, jegliches Unbehagen, jegliche Krankheit, jegliche Einsamkeit, jegliches Unerwünschte … während du spürst, dass all das, Atemzug für Atemzug, durch die Klarheit, die Vitalität, die Leichtigkeit, den Fluss und die Liebe deiner Quelle in dir ersetzt wird.

Hier herrscht große Liebe für dich!

Die CD in deutscher Fassung

Musik: Downhill Studio
Sprecherin der deutschen Fassung: Susanne Aernecke
Aufnahme Downhill Studio Tom Peschel, Produktion: afpmunich
Regie: Susanne Aernecke
Text aus dem Amerikanischen übersetzt von Marita Böhm

Published by Arrangement with Hay House, Inc.

Die deutsche CD enthält die Lesung der Meditationsanleitung in deutscher Sprache.

Über die Autoren

Im Jahr 1986 begannen Jerry und Esther Hicks damit, ihre erstaunlichen Abraham-Erlebnisse einer Handvoll von engen Geschäftsfreunden zugänglich zu machen. Sie erkannten den praktischen Nutzen, den sie selbst und jene Freunde, die bedeutsame Fragen über die Anwendung der Prinzipien des *Gesetzes der Anziehung* auf Finanzen, Gesundheit und Beziehungen stellten, zogen – und dann Abrahams Antworten erfolgreich auf ihre eigenen Situationen anwandten. Daher beschlossen Jerry und Esther, die Lehren Abrahams® einer seither stetig wachsenden Zahl von Menschen zugänglich zu machen, die nach Antworten suchen, wie sie ein besseres Leben führen können.

Von ihrem Tagungszentrum in San Antonio, Texas, aus reisen Esther und Jerry seit 1989 alljährlich in ungefähr 50 Städte (innerhalb Australiens, Kanadas, Englands, Irlands und der USA). Dort präsentieren sie den interaktiven *Gesetz der Anziehung*-Workshop all jenen, die an diesem fortschrittlichen Gedankenstrom teilhaben möchten.

Inzwischen hat Abrahams Philosophie des Wohl-Seins bei führenden Denkern und Lehrern auf der ganzen Welt großen Anklang gefunden, die wiederum viele von Abrahams revolutionären Konzepten in ihre Bestseller, Reden, Vorträge, Filme und dergleichen aufnahmen. Doch nach wie vor wird das Material überwiegend mündlich weitergegeben, sobald die Teilnehmer beginnen, den Wert dieser Form spiritueller Pragmatik für ihre persönliche Lebenserfahrung zu entdecken.

Abraham – eine Gruppe offensichtlich hoch entwickelter Nicht-Physischer Lehrer – präsentieren ihr Wissen durch Esther, die es in die Sprache der physischen Welt übersetzt. In ihren liebevollen, brillanten und doch stets leicht verständlichen Essays, festgehalten in Schrift und Ton, zeigen sie uns, wie wir eine klare Verbindung zu unserem liebevollen und führenden *Inneren Sein* herstellen und eine erhebende Selbstermächtigung aus unserem umfassenden Selbst heraus erlangen können.

Mit dem universellen *Gesetz der Anziehung* als zentralem Thema sind inzwischen über 800 Bücher, Kassetten, CDs, Videos und DVDs von Abraham-Hicks erschienen, die in mehr als 30 Sprachen übersetzt wurden. Erreichbar sind Esther und Jerry über ihre umfassende interaktive Website **www.abraham-hicks.com**. Die Postanschrift lautet: Abraham-Hicks Publications, P. O. Box 690070, San Antonio, TX 78269, USA.

Von Esther und Jerry Hicks sind erschienen:

The Law Of Attraction
The Law Of Attraction GELD
The Law Of Attraction FÜR JEDEN TAG
The Law Of Attraction LIEBE
Die Law Of Attraction Meditation
Wie unsere Gefühle die Realität erschaffen
Wunscherfüllung
Wünschen und bekommen
Absicht und Erfolg

The Law Of Attraction in Action Teil 1 (DVD)
The Law Of Attraction in Action Teil 2 (DVD)
The Law Of Attraction in Action GELD (DVD)

The Law Of Attraction (CD)
The Law Of Attraction GELD (CD)
The Law Of Attraction LIEBE (CD)
Die Law Of Attraction Meditation (CD)
Wünschen und bekommen (CD)
Wunscherfüllung (CD)
Absicht und Erfolg (CD)

The Law Of Attraction (Kartendeck)
The Law Of Attraction GELD (Kartendeck)
Das Abraham Channeling-Orakel (Kartendeck)
Wünschen und bekommen-Orakel (Kartendeck)